U0102138

中国中小企业
投资"一带一路"沿线国家
操作指南

CHINA'S SMALL AND MEDIUM- SIZED
ENTERPRISES'INVESTMENT OPERATING GUIDANCE IN
COUNTRIES ALONG "THE B&R"

上海市经济和信息化委员会
上海市中小企业发展服务中心　主编

中国经济出版社
CHINA ECONOMIC PUBLISHING HOUSE
·北京·

图书在版编目（CIP）数据

中国中小企业投资"一带一路"沿线国家操作指南/上海市经济和信息化委员会，上海市中小企业发展服务中心主编．

北京：中国经济出版社，2018.7

ISBN 978 - 7 - 5136 - 5137 - 0

Ⅰ. ①中… Ⅱ. ①上… Ⅲ. ①中小企业—海外投资—中国—指南

Ⅳ. ①F279. 243 - 62

中国版本图书馆 CIP 数据核字（2018）第 057460 号

选题策划　汪　京
策划编辑　崔姜薇
责任编辑　葛　晶
责任印制　马小宾

出版发行　中国经济出版社
印 刷 者　北京科信印刷有限公司
经 销 者　各地新华书店
开　　本　710mm×1000mm　1/16
印　　张　17.25
字　　数　265 千字
版　　次　2018 年 7 月第 1 版
印　　次　2018 年 7 月第 1 次
定　　价　68.00 元

广告经营许可证　京西工商广字第 8179 号

中国经济出版社 网址 www.economyph.com 社址 北京市西城区百万庄北街 3 号 邮编 100037
本版图书如存在印装质量问题，请与本社发行中心联系调换（联系电话：010 - 68330607）

版权所有　盗版必究（举报电话：010 - 68355416　010 - 68319282）
国家版权局反盗版举报中心（举报电话：12390）　　服务热线：010 - 88386794

编委会

编委会顾问：陆晓春　陈鸣波

编委会主任：戎之勤

编委会副主任：贝兆健　史文军

编委会成员：葛东波　侯晓渊　刘为钢　张晓莺　汪　京

编　　　辑：龚永强　金　毅　甘玉琴　卢敬蓉

2013 年 9 月和 10 月,国家主席习近平在出访中亚和东南亚国家期间,提出"一带一路"的重大倡议,并得到了国际社会的高度关注。2017 年 5 月,29 国国家元首和政府首脑出席第一届"一带一路"国际合作高峰论坛。2017 年 10 月,习近平总书记在党的十九大上,再一次提出"要以'一带一路'建设为重点,坚持引进来和走出去并重,遵循共商共建共享原则,加强创新能力开放合作,形成陆海内外联动、东西双向互济的开放格局"。

在经济全球化趋势下,国内外许多企业已经通过走出国门、走向世界做大做强。我国中小企业积极贯彻落实"一带一路"倡议,有利于拓展新的发展空间和渠道,有利于实现转型升级。中小企业无论是从战略要求,机遇促进还是从自身需要看,都应当积极响应国家号召、把握发展机遇、发挥自身优势,在跨境合作中共享全球经济合作的巨大潜力。

在此背景下,上海市经济和信息化委员会、上海市中小企业发展服务中心编写了《中国中小企业投资"一带一路"沿线国家操作指南》(以下简称《指南》),由中国经济出版社出版。《指南》旨在帮助企业,特别是中小企业了解这些国家(地区)的产业、政策、机构、企业和项目等信息,增强企业对当地营商环境的了解和适应。在编写过程中，得到了上海市外事办公室的支持。在此表示诚挚的感谢。

中小企业可以把《指南》当做工具书使用，在投资合作前做好充分评估和准备，确保"知己知彼"，进而提升"走出去"的能力和海外经营水平，积极履行社会责任，构建和谐的当地关系，实现互利共赢、共同发展。

工业和信息化部中小企业局局长

2017 年 12 月

阿富汗（Afghanistan）

阿尔巴尼亚（Albania）

亚美尼亚（Armenia）

奥地利（Austria）

阿塞拜疆（Azerbaijan）

巴林（Bahrain）

孟加拉国（Bangladesh）

白俄罗斯（Belarus）

波黑（Bosnia and Herzegovina）

塞浦路斯（Cyprus）

捷克（Czech）

埃及（Egypt）

希腊（Greece）

匈牙利（Hungary）

印度（India）

印度尼西亚（Indonesia）

伊朗（Iran）

伊拉克（Iraq）

以色列（Israel）

意大利（Italy）

约旦（Jordan）

哈萨克斯坦（Kazakhstan）

科威特（Kuwait）

黎巴嫩（Lebanon）

立陶宛（Lithuania）

马其顿（Macedonia）

马尔代夫（Maldives）

巴勒斯坦（Palestine）

波兰（Poland）

卡塔尔（Qatar）

罗马尼亚（Romania）

新加坡（Singapore）

斯洛伐克（Slovakia）

斯洛文尼亚（Slovenia）

斯里兰卡（Sri Lanka）

叙利亚（Syria）

塔吉克斯坦（Tajikistan）

菲律宾（The Philippines）

土耳其（Turkey）

土库曼斯坦（Turkmenistan）

乌克兰（Ukraine）

阿联酋（United Arab Emirates）

乌兹别克斯坦（Uzbekistan）

越南（Vietnam）

也门（Yemen）

附录：海外相关信息获取及风险提示

阿富汗

一、国家地理等概况

阿富汗是亚洲中西部的内陆国家。北邻土库曼斯坦、乌兹别克斯坦、塔吉克斯坦，西接伊朗，南部和东部连巴基斯坦，东北部凸出的狭长地带与中国接壤。属大陆性气候，全年干燥少雨，冬季寒冷，夏季炎热，全国年平均降雨量仅240毫米左右。面积647500平方公里。人口约3252万（世界银行2015年统计数据）。普什图族占40%，塔吉克族占25%，还有哈扎拉、乌兹别克、土库曼等20多个少数民族。普什图语和达里语是官方语言，其他语言有乌兹别克、俾路支、土耳其语等。逊尼派穆斯林占80%，什叶派穆斯林占19%，其他占1%。

二、产业情况

历经三十多年的战乱，阿富汗的经济破坏殆尽，交通、通讯、工业、教育和农业基础设施遭到的破坏十分严重，生产生活物资短缺，曾有600多万人沦为难民。2002年以来，阿富汗国民经济呈现"低水平的快速增长"，经济逐步恢复发展。根据世界银行最新的统计数据，2015年的主要经济数字如下：国内生产总值为192亿美元，人均国内生产总值为590.3美元，国内生产总值同比增长1.5%。货币名称：阿富汗尼，简称阿尼。

阿富汗的矿藏资源较为丰富，但未得到充分开发。目前已探明的资源主要有天然气、煤、盐、铬、铁、铜、云母及绿宝石等。位于阿富汗首都喀布尔南部的埃纳克铜矿已探明矿石总储量约7亿吨，铜金属总量达1133万吨。据估计可能是世界第三大铜矿带。据阿方介绍，阿富汗煤炭储量大约超过4亿吨，铁矿储量约为100亿吨，铜金钼矿3000万吨、铜2000万吨、大理石300亿立方、天然气1.18万亿~19.15万亿立方米，石油3.91亿~35.6亿桶，凝析油气1.26亿~13.3亿桶。这些储量有待进一步勘探确认。

（一）工业

工业以轻工业和手工业为主，主要有纺织、化肥、水泥、皮革、地毯、电力、制糖和农产品加工等。

（二）农业

农牧业是阿富汗国民经济的主要支柱。农牧业人口占全国总人口的80%。耕地不到全国土地总面积的10%。主要农作物包括小麦、棉花、甜菜、干果及各种水果。主要畜牧产品是肥尾羊、牛、山羊等。阿富汗是世界第一大毒源地"金新月"的中心。2015年，鸦片产量为3300吨，严重影响阿富汗的和平重建进程，也对地区和平与安全带来威胁和挑战。

（三）交通运输

阿富汗是内陆国，无出海口。交通运输主要靠公路和航空。北部同乌兹别克斯坦和土库曼斯坦边界上的阿姆河和昆都士河部分河段有通航能力。公路：阿富汗全境共有公路17.789万公里，主要包括喀布尔至马扎里沙里夫、赫拉特至坎大哈、喀布尔环城高速、托克汉姆至喀布尔等公路。

空运：目前有两家航空公司。阿利亚纳航空公司实力较为雄厚，主要经营国际航线。目前已开通至巴基斯坦、伊朗、阿联酋、印度、土耳其、德国、俄罗斯、阿塞拜疆、沙特、科威特和塔吉克等12条国际航线，2003年7月12日正式开通喀布尔至乌鲁木齐航线。KAM航空公司经营国内航线。全国有机场46个，喀布尔机场为国际机场。

三、阿富汗对外国投资合作的政策

为支持和保护私营企业发展，阿富汗于2005年12月修改并出台了《阿富汗私营投资法》，规定了外资企业禁止和限制投资的行业，对公司注册、管理进行了规范。相关的法律还有《公司法》《合资法》《仲裁法》《调解法》等。

外资禁止投资的行业有：核能、赌博、色情、毒品和制酒业。外资限制投资行业有：生产和销售武器及爆炸物、非银行金融活动、保险业、自然资源开采、基础设施。

投资方式的规定：外商投资的方式有：①独资；②和政府或其他投资

者合资。投资优惠政策框架：阿富汗鼓励吸收外资，投资促进局对外资公司的设立给予方便，实行"一站式"服务。外资公司所得利润可全额汇出，对使用外籍雇员没有限制，如三年内无盈利可免税，直接申请最低额的公司税，投资阿富汗优先发展领域还可享受更多优惠，投资企业进口用于生产的机械设备可申请免税等，进口建筑材料可减税。

行业鼓励政策：阿富汗优先发展的行业有农业及关联产业、建筑材料、电信业、交通和物流、矿业、电力、水资源和劳动密集型产业。地区鼓励政策：阿富汗没有明确的地区投资鼓励政策，但在马扎里沙里夫、贾拉拉巴德、坎大哈和昆都士设有工业园，阿富汗农村金融公司对在工业园投资的企业可以提供优惠借款。

四、阿富汗对外经贸关系

［双边贸易］中国是阿富汗的重要贸易伙伴。据中国海关统计，2015年中阿两国进出口贸易为3.76亿美元，比2014年下降8.4%，中国向阿富汗出口额为3.64亿美元，比2014年下降7.4%，中国从阿富汗进口额为1199.7万美元，比2014年下降30.9%。

根据2014年中阿两国政府换文，从2015年起，中国政府给予原产于阿富汗97%税目输华产品零关税待遇。目前，中国对阿富汗主要出口商品为电器及电子产品、医药、机械设备和纺织服装，主要进口商品为农产品。

［投资］据中国商务部统计，2015年当年中国对阿富汗直接投资流量-326万美元。截至2015年末，中国对阿富汗直接投资存量4.20亿美元。中国对阿富汗投资的主要项目是阿姆河盆地油田项目和埃纳克铜矿项目。

［承包劳务］据中国商务部统计，2015年中国企业在阿富汗新签承包工程合同4份，新签合同额3987万美元，完成营业额1133万美元；2015年派出各类劳务人员90人，年末在阿富汗劳务人员49人。

［货币互换］截至2016年8月，中国与阿富汗未签署货币互换协议。

［经贸合作区］中国在阿富汗尚未投资开发经贸合作区和工业园区。

［基础设施合作协议］中国与阿富汗尚未签订基础设施合作协议。

［FTA协定］中国与阿富汗尚未签订FTA协定。

［双边贸易磋商机制］中国与阿富汗建立有经贸联委会机制。第一次

会议于 2010 年举行, 第二次会议于 2015 年举行。

五、阿富汗能够给中国企业提供投资合作咨询的机构

(一)中国驻阿富汗大使馆经济商务参赞处

网址: af.mofcom.gov.cn

(二)阿富汗驻中国大使馆

网址: af.china-embassy.org

(三)阿富汗投资促进机构

网址: www.aisa.org.af

(四)中国商务部研究院海外投资咨询中心

网址: www.caitec.org.cn

六、已在阿富汗落地的部分中国企业和项目

中冶江铜艾娜克矿业有限公司, 中国铁建中铁十四局集团有限公司, 中兴通讯股份有限公司, 华为技术有限公司, 江西省水利水电建设有限公司。

阿尔巴尼亚

一、国家地理等概况

阿尔巴尼亚位于巴尔干半岛的西部，北部和东北部分别与塞尔维亚和黑山及马其顿接壤，南部与希腊为邻，西临亚得里亚海，隔奥特朗托海峡与意大利相望。境内山地、丘陵占总面积的 77%，平原占 23%。森林覆盖率为 36%，可耕地面积占 24%，牧场占 15%。海岸线长 472 公里。属亚热带地中海气候。降雨量充沛，年均为 1300 毫米。平均气温 1 月份为 1℃～8℃，7 月份为 24℃～27℃。面积 2.87 万平方公里。人口 288.9 万（世界银行 2015 年统计数据），其中阿尔巴尼亚族占 98%。少数民族主要有希腊族、马其顿族等。官方语言为阿尔巴尼亚语。70% 的居民信奉伊斯兰教，20% 的居民信奉东正教，10% 的居民信奉天主教。

二、产业情况

近年来，阿经济平稳增长。根据世界银行最新的统计数据，2016 年的主要经济数字如下：国内生产总值为 119.27 亿美元，人均国内生产总值为 4147 美元，国内生产总值同比增长 2.6%。货币名称：列克。

阿的主要矿藏有石油、铬、铜、镍、铁、煤等。探明石油储量约 4.37 亿吨，铬矿储量 3730 万吨。水利资源较丰富。

（一）工业

主要工业部门有食品、纺织、木材、石油、水泥、采矿等。2012 年，工业产值为 14.62 亿美元，同比下降 1.3%。主要工业产量为：原油 89.2 万吨，发电量 40.57 亿度。

（二）农业

耕地面积 696 千公顷。2012 年，主要农牧业产品产量为：谷物 70 万吨，小麦 29.3 万吨，玉米 36.6 万吨，蔬菜 89 万吨，土豆 23 万吨，芸豆 2.5 万吨。

2012 年，阿农业产值约合 26.33 亿美元，同比下降 2.1%。

（三）旅游业

近年来，阿尔巴尼亚政府将旅游业作为优先发展的产业。2012 年，阿尔巴尼亚入境外国游客为 343.6 万人次，同比增长 25.7%。游客主要来自马其顿、黑山、希腊、意大利等国。

（四）交通运输

以公路运输为主，公路总里程 2.8 万公里。铁路线总长为 447 公里，实际运营铁路线总长为 399 公里。2012 年，阿尔巴尼亚铁路客运量为 44.8 万人次，铁路货运量为 14.3 万吨。全国共有都拉斯、发罗拉、萨兰达和深津四个海港。其中，都拉斯港是最大的海港，同意大利的里雅斯特港和巴里港通航。2012 年，阿港口货物吞吐量 398.5 万吨。阿首都地拉那"里纳斯—特蕾莎修女"机场是唯一的民用机场，有 35 条国际航线。目前，在该机场起降的航空公司共 14 家。2012 年，进出境旅客人数 166 万人，起降航班 20528 个，运输货物 1875 吨。

三、阿尔巴尼亚对外国投资合作的政策

阿尔巴尼亚与投资合作相关的法律主要有《外国投资法》《商业公司法》《商业注册法》《破产程序法》《工业产权法》《劳动法》《外国人法》等。

阿尔巴尼亚主管贸易的政府部门为经济发展、旅游、贸易和企业部，负责经济、旅游、贸易和企业政策的制定和执行、多双边经贸协定的执行、政府援助、市场监管、相关特许经营合同的授予和监管、私有化、自由贸易区、签发经贸许可证等。

在进口方面，禁止进口武器、放射性物质、军民两用物品、垃圾（可回收、加工和利用的除外）、消耗臭氧层的物质、濒危野生动植物、毒品等。在出口方面，除废金属禁止出口外，其他商品出口均没有限制。禁止出口的废金属包括：贵金属废碎料、生铁和钢铁的废碎料、铜的废碎料（但废铜例外）、其他铸铜、镍的废碎料、铝的废碎料（但进口的铝制包装除外）、铅、锌、锡的废碎料。

政府鼓励投资者在各个领域进行投资。重点是农业、旅游业、加工业、矿业、能源以及道路交通、电讯等基础设施等领域。2014 年，阿尔巴尼亚

政府提高了矿产采掘业的投资准入门槛。有意投资矿业部门的企业在向阿尔巴尼亚许可证中心申请相关许可前，需缴纳投资保证金、环境保证金等费用，费用相当于投资总额的 10%

四、阿尔巴尼亚对外经贸关系

1993 年 2 月 13 日，中国与阿尔巴尼亚在北京签署《中华人民共和国政府和阿尔巴尼亚共和国政府关于鼓励和相互保护投资协定》。

2004 年 9 月 13 日，中国与阿尔巴尼亚在北京签署《中华人民共和国政府和阿尔巴尼亚共和国政府关于对所得和财产避免双重征税和防止偷漏税协定》。

1989 年 11 月 23 日，中国与阿尔巴尼亚在北京签署了《关于成立中华人民共和国政府和阿尔巴尼亚共和国政府经济技术合作混合委员会协议》；1993 年 2 月 13 日，中阿在北京签署《中华人民共和国政府和阿尔巴尼亚共和国政府贸易协定》等。

阿尔巴尼亚政府还签署了《多边投资担保机构公约》，为外国投资提供"政治风险"担保。

五、阿尔巴尼亚能够给中国企业提供投资合作咨询的机构

（一）中国驻阿尔巴尼亚大使馆经商参处

网址：al.mofcom.gov.cn

（二）阿尔巴尼亚驻中国大使馆

地址：北京市光华路 28 号　电话：010-65321120　传真：010-65325451
电邮：embassy.Beijing@mfa.gov.al

（三）阿尔巴尼亚投资发展署

网址：www.aida.gov.al

（四）中国商务部研究院海外投资咨询中心

网址：www.caitec.org.cn

六、已在阿尔巴尼亚落地的部分中国企业和项目

华为公司、中兴公司、江西铜业。

亚美尼亚

一、国家地理等概况

亚美尼亚是内陆国,地处外高加索南部。亚美尼亚高原的东北部,西与土耳其交界,南和伊朗接壤,北邻格鲁吉亚,东靠阿塞拜疆,位于欧亚交界处,因此具有十分重要的战略地位。亚美尼亚国土面积 2.98 万平方公里,全境 90% 的地区在海拔 1000 米以上,平均海拔为 1800 米。亚美尼亚常住人口为 301.8 万(世界银行 2015 年统计数据)。当地华人很少,较长时间居住在亚美尼亚的中国人主要为使馆工作人员、留学生和中资企业代表,主要集中在首都埃里温市。

二、产业情况

根据世界银行最新的统计数据,2015 年的主要经济数字如下:国内生产总值为 105 亿美元,人均国内生产总值为 3499.8 美元,国内生产总值同比增长 3%。

亚美尼亚缺乏能源燃料矿藏,石油和天然气均靠进口,但水利资源较为丰富,有中大型水力发电站 9 个。森林覆盖率为 8%。亚美尼亚的金属和非金属矿藏较为丰富,已探明储量并注册的共有 670 多个矿,其中 30 个为金属矿。

(一)工业

2014 年,亚美尼亚工业产值为 12882 亿德拉姆,同比增长 3.8%,占 GDP 的比重为 28.5%。全年采矿业产值为 1932 亿德拉姆,同比下降 1.8%,占同期工业总产值的 12.8%;加工工业产值 8446 亿德拉姆,同比增长 8.9%,占工业总产值的 66.7%。其中,产值较高的行业有食品加工、基本金属加工和饮料加工生产。电力工业产值 2318 亿德拉姆,同比减少 7.5%,占同期工业总产值的 19.3%。

（二）农业

2014 年底，亚美尼亚粮食自给率已从 2010 年的 33% 提高至 52%，但仍需大量进口农产品。2014 年，农业产值为 10220 亿德拉姆，同比增长 11.3%。其中，种植业产值 6057 亿德拉姆，同比增长 5.7%；畜牧业产值 3876 亿德拉姆，同比增长 12.1%。另外，渔业收入为 287 亿德拉姆，同比增长 24.2%。林业规模很小，产值仅为 1.4 亿德拉姆，同比下降 30%。

（三）服务业

2014 年，亚美尼亚服务贸易额为 11102 亿德拉姆（约合 26.7 亿美元），同比增长 8.5%，其中餐饮、文化休闲、不动产、航空运输、旅游及银行业务等行业增长较快。

（四）旅游业

旅游业是亚美尼亚政府优先发展的产业，2014 年入境游客为 120.3 万，比上年增长了 30%，出境游客为 119.8 万，同比增长了 32.2%。目前，亚美尼亚政府正着力发展宗教旅游、体育旅游、健康旅游等多种旅游项目，争取在 3 年内使入境旅游人数达到 300 万人。

（五）建筑业

长期以来，建筑业一直是亚美尼亚的支柱产业，占 GDP 的比重在 20% 左右。但自 2009 年全球经济危机以来，亚美尼亚的建筑业急剧下滑，严重拖累了亚美尼亚的经济，近两年来下滑幅度有所减少。2014 年，建筑业产值为 4332 亿德拉姆（约合 10.4 亿美元），同比下降 2.1%，连续两年下降。

（六）交通运输

2014 年，亚美尼亚公路货运量为 538 万吨，同比下降 26.4%。其中境内运量 413 万吨，出境运量 26 万吨，入境运量 99 万吨。公路客运量 2.02 亿人次，同比下降 7.3%。

2014 年，亚美尼亚铁路货运量为 306 万吨，比上年下降了 6.6%。其中，境内运量 153 万吨，出境运量 36 万吨，入境运量 117 万吨。铁路客运量为 36 万人次，同比减少 9.7%。

2014 年，亚美尼亚空运货物量为 1.0 万吨，与上年持平。其中，出境运量 6500 吨，入境 3900 吨，客运量为 208 万人次，同比增长 18%。

三、亚美尼亚对外国投资合作的政策

亚美尼亚关于投资合作的主要相关法律有：

（1）《外国投资法》（1994 年 7 月 31 日通过），对外国投资者及外资企业的运营进行了规范，并明确了国家对外国投资的保护措施及管理规定。

（2）《劳动法》，规定了集体和个人的劳动关系，劳工关系的产生、内容、劳资双方的权利、义务、福利报酬、就业和安全保障等。

（3）《保护经济竞争法》（规定了对亚美尼亚市场秩序的保护措施和出现不正常市场竞争的处罚方式、监管措施等。

（4）《海关法》，规定了商品进入和运出亚美尼亚关境的原则和方式，进行商品外贸活动的人及海关机构的权利和责任。

（5）《企业国家登记法》，规定了境内外企业在亚美尼亚登记注册的程序、方法。

上述法律文件可查询亚美尼亚议会网站（www.parliament.am）和亚美尼亚法律信息查询系统（www.arlis.am）。

四、亚美尼亚对外经贸关系

［双边贸易］从 2009 年起，中国成为亚美尼亚第二大贸易伙伴。据中国海关统计，2015 年中亚双边贸易额 3.3 亿美元，同比增长 13.2%。其中，中国对亚出口 1.14 亿美元，同比下降 7.5%，中国自亚进口 2.17 亿美元，同比增长 28.2%。

目前，两国相互投资规模很小。中国在亚企业有 5 家，主要从事设备销售和服务以及工程承包项目，除华为、中兴产品技术服务项目外，其他尚处在项目准备和跟踪阶段。中国香港富地石油公司在亚美尼亚收购了亚方铁矿场的股权，已实际完成投资 751 万美元，虽然这是有史以来中国对亚美尼亚最大的投资项目，但来自中国的外资占亚美尼亚外资总额的份额几乎可以忽略不计。2015 年 8 月，由于铁精粉国际市场价格持续低迷等原因，富地公司暂时关闭驻亚美尼亚办公室。亚美尼亚在中国合资企业山西—纳伊力特橡胶厂建于 2008 年，亚方以技术和工艺投资，由于产量和销售原因，

目前生产和经营状况远未达到双方的设计要求。2015 年 12 月，中国水电建设集团国际工程有限公司中标北—南公路第三标段第一段（兰吉科—久姆里）建设项目，这是中方企业中标的第一个亚基础设施建设项目。全长 27.47 公里，工期 1096 天。

五、亚美尼亚能够给中国企业提供投资合作咨询的机构

（一）中国驻亚美尼亚大使馆经商参处

网址：am.mofcom.gov.cn

（二）亚美尼亚驻中国大使馆

网址：www.fmprc.gov.cn

（三）亚美尼亚投资促进机构

电话：00374-11-597808

（四）中国商务部研究院海外投资咨询中心

网址：www.caitec.org.cn

六、已在亚美尼亚落地的部分中国企业和项目

亚美尼亚中资企业：华为科技公司、中兴通讯公司、中国水电建设集团国际工程公司。

奥地利

一、国家地理等概况

奥地利共和国是中欧南部的内陆国,东邻匈牙利和斯洛伐克,南接斯洛文尼亚和意大利,西连瑞士和列支敦士登,北与德国和捷克接壤。属海洋性向大陆性过渡的温带阔叶林气候,面积 83878 平方公里,人口 861.1万(世界银行 2015 年统计数据)。少数民族有斯洛文尼亚人、克罗地亚人和匈牙利人,约占总人口的 0.5%。官方语言为德语。78% 的居民信奉天主教。首都是维也纳。平均气温 1 月份为 -2℃,7 月份为 19℃。

二、产业情况

2014 年,受欧元区经济复苏动力不足、新兴经济体增速放缓、乌克兰危机等因素的影响,奥地利经济复苏步伐缓慢,全年增长率仅为 0.3%。表现在外贸对经济的拉动作用减弱、投资意愿不强、私人消费不旺、失业率有所上升、公共债务规模扩大等方面。总体来看,奥经济状况好于多数欧盟国家。根据世界银行最新的统计数据,2015 年的主要经济数字如下:国内生产总值为 374 亿美元,人均国内生产总值为 43438.9 美元,国内生产总值同比增长 0.9%。

(一)资源

奥地利的矿产主要有石墨、镁、褐煤、铁、石油、天然气等。森林、水力资源丰富,森林面积 359.5 万公顷,森林覆盖率为 43.4%,木材蓄积量 10.9 亿立方米。

(二)工业

2011 年,工业产值 1480.5 亿欧元,占国内生产总值的 49.3%。主要工业部门有钢铁、机械制造、化工、采矿、电子和汽车发动机制造等。2011 年,工业从业人员 40.4 万。

（三）农林业

2011 年，农林业产值为 42 亿欧元，同比增长 17%，农林业从业人数 41.4 万。有可耕地 136 万公顷，占全国国土面积的 16.2%。牧场 145 万公顷（1986 年），占国土面积的 17.2%。农业发达，机械化程度高，主要农产品自给有余。

（四）旅游业

奥地利的旅游业发达。全国有各类旅馆 62700 家，共有床位 104.9 万张。外国游客主要来自德国、荷兰、瑞士、英国和意大利等国。

（五）交通运输

奥地利地处欧洲中部，是欧洲重要的交通枢纽。全国铁路总长 5702 公里，全国各类公路总长约 10.7 万公里，其中高速公路和快速路 2112 公里。多瑙河航线长 350 公里。共有客船 331 艘，货船 142 艘。2011 年，多瑙河货运量 994.3 万吨。奥地利航空公司、蒂罗尔航空公司和劳达航空公司共同组成 AUA 集团，有 80 架飞机，飞往 66 个国家，130 个目的地。全国有 6 个机场，主要国际机场是维也纳施威夏特机场。

三、奥地利对外国投资合作的政策

外国投资者在奥地利享有国民待遇。奥地利所有与投资相关的法律和法规既适用于本国投资者，也适用于外国投资者。

奥地利对本国企业和外资企业一视同仁，都给予相同的待遇，没有给予外资企业特殊的优惠政策。

奥地利与其他欧盟国家一样对于外资原则上并无法定的投资限制，允许奥地利投资者进入的行业一般也不限制外国投资者进入。

投资方式的规定：外国自然人可以在奥地利开展投资合作，但需要在奥地利注册公司或利用自然人在本国注册的公司开展。按照奥地利法律规定，公司包括以下几种形式：有限责任公司、股份公司、欧洲公司、普通合伙公司、有限合伙公司、隐名合伙公司、大陆法合伙公司、合作社和协会等。最常用的形式是有限责任公司。

行业鼓励政策：奥地利政府对企业从事高新技术研发提供较多的优惠政策。奥地利政府专门设立了奥地利研究促进机构，对于企业从事研究、技术开发和创新活动，通过项目的方式予以资金支持，并协助企业参与欧盟项目。此外，奥地利政府还成立了气候与能源基金，对于从事环境、能源等相关领域研究开发的企业通过项目的方式予以资金支持。从事研发活动的公司，如果是初创公司，奥地利为其提供种子基金；如果是成熟公司，则提供最高达 80% 的研发项目现金资助。

企业汇出利润时须预扣 25% 的所得税。根据两国政府签订的避免双重征税协议以及当地税法规定，企业可到奥地利税务局申报，申请退税 18%，即实际缴纳 7% 的税负。

四、奥地利能够给中国企业提供投资合作咨询的机构

奥地利没有设立专门的外国投资管理机构。奥地利国家银行（央行）负责对外国投资进行统计。奥地利国家投资促进局是奥地利的官方外国投资促进机构，隶属于奥地利联邦政府，直接向联邦科研经济部汇报工作。其向外国投资者提供无偿的、可靠的信息咨询服务。奥地利各联邦州均有各自的招商机构，如维也纳商务局。

五、已在奥地利落地的部分中国企业和项目

华为公司、中兴通讯、中远航运、中国国航、中兴奥地利有限公司、奥地利奥特比驱动技术股份有限公司等。

浙江卧龙集团出资 1 亿美元收购奥地利 A-Tech 集团下属 ATB 公司 98% 以上的股权。郑州恒天非织造工程技术公司在奥成立恒天（奥地利）控股有限公司，并通过后者收购瑞士欧瑞康公司在意大利、奥地利和德国的三家无纺技术设备公司，总投资 2750 万美元。武汉梧桐硅谷天堂投资 4300 万美元收购斯太尔发动机公司。

阿塞拜疆

一、国家地理等概况

阿塞拜疆位于欧亚大陆交界处的外高加索地区东南部，地处东经44°至52°，北纬38°至42°，面积8.66万平方公里。东濒里海，南接伊朗和土耳其，北与俄罗斯相邻，西傍格鲁吉亚和亚美尼亚，大、小高加索山自西向东穿越全境，余脉最终没入海里。其飞地纳西切万自治共和国被亚美尼亚、伊朗和土耳其三国环绕。阿塞拜疆陆地边境线总长2657公里，海岸线长456公里。根据世界银行2015年统计数据，全国总人口965.1万，城市人口约占总人口的53.6%。阿塞拜疆的华人数量较少，主要集中在巴库。

二、产业情况

后金融危机时期的阿塞拜疆经济进入了一个低速、平稳的发展期。国内政局稳定，社会经济发展平稳，阿政府继续推行国民经济多元化发展战略。根据世界银行最新的统计数据，2015年的主要经济数字如下：国内生产总值为530亿美元，人均国内生产总值为5496.3美元，国内生产总值同比增长1.1%。

石油、天然气资源极为丰富，主要分布在阿普歇伦半岛和里海大陆架。据现有资料，属于阿塞拜疆里海区域的石油探明储量约20亿吨，地质髓约40亿吨，石油具有埋藏浅、杂质少的特征。天然气探明储量2.55万亿立方米，远景储量6万亿立方米。此外，境内还有铁、钼、铜、黄金等金属矿藏，以及丰富的非金属矿产和矿泉水资源。

（一）工业

阿塞拜疆是现代石油开采工业的发祥地，石油开采已超过150年的历史，成为最重要的产业部门。2013年，阿油气领域同比增长1.1%，石油开采量在经历了急剧下滑后逐渐稳定下来。但受全球经济低迷、油价暴跌等因素的影响，2014 年阿油气领域同比下降 2.9%，其总产值占阿同期 GDP 总量的 43.4%。据官方统计数据，2014 年阿石油产量 4190 万吨，同比下降 2.9%；天然气开采量为 187 亿立方米，同比增长 4.4%。

（二）交通运输

阿塞拜疆的铁路、航空和里海运输基本由国家垄断经营，但现已允许私营和外国航空公司进入国际客、货运输业务领域。公路运输基本实行私有化经营。最主要的油气外运管道（BTC，从巴库开始，经格鲁吉亚第比利斯至土耳其的黑海港口杰伊汉）由英国的 BP 公司经营。2014 年，阿国内运输业新增产值 26.53 亿马纳特（约 33.82 亿美元），同比增长 4.5%，占 GDP 的 4.5%。2014 年，阿各种运输方式在全国货物运输总量中的份额排名依次为公路 58%，管道 27.7%，铁路 9.8%，公路 4.5%。

三、阿塞拜疆对外国投资合作的政策

阿塞拜疆《投资法》虽未对限制外国投资的行业做明确规定，但实际上在外资进入其国内金融市场等行业的市场准入方面存在一定限制。例如，外资在阿塞拜疆保险公司中的股份不得超过 49%，外国银行驻阿分支机构必须依照阿塞拜疆国内法开展经营等。

根据阿塞拜疆《投资法》和《外国投资保护法》的规定，外资企业的主要权利包括：通过在阿塞拜疆境内建立独资企业、合资企业、购买企业股份、债券、有价证券、土地和自然资源的使用权、其他财产权等方式在阿塞拜疆进行投资；参与阿塞拜疆国有资产、地方自治机构资产的私有化；从事阿塞拜疆法律未加禁止的其他任何经营活动。

阿塞拜疆尚未制定出台有关外资并购安全审查、国有企业投资并购、反垄断、经营者集中等方面的法律。但针对具体并购项目时，需当地审计公司进行审计。必要时，有关项目必须提交阿紧急情况部审批。

目前，阿塞拜疆开展 BOT 和 PPP 的外资企业主要来自英国、美国、俄罗斯、土耳其等国。项目主要涉及铁路、油气、电力、通信等领域。相关具体规定和特许经营年限视项目具体情况而定，一般为 15 ~ 20 年。

四、阿塞拜疆对外经贸关系

［双边贸易］1992 年，中阿两国建交以来，双方先后签署了《中华人民共和国政府和阿塞拜疆共和国政府关于鼓励和相互保护投资的协定》（1994 年）；《中华人民共和国政府和阿塞拜疆共和国政府经济贸易合作协定》（2005 年）；《中华人民共和国信息产业部与阿塞拜疆共和国通信与信息技术部合作谅解备忘录》（2005 年）；《中华人民共和国政府和阿塞拜疆共和国政府关于对所得避免双重征税和防止偷漏税的协定》（2005 年）；《中华人民共和国政府和阿塞拜疆共和国政府关于海关事务的互助协定》（2005 年）等文件。

［货币互换协议］目前，中阿尚未签署货币互换协议。

中阿两国开展经贸合作从无到有，合作的规模也在不断扩大。据中国海关统计，2015 年中阿双边贸易额 6.62 亿美元，同比下降 29.7%。其中，中国对阿塞拜疆出口额为 4.39 亿美元，自阿塞拜疆进口额为 2.23 亿美元，分别同比下降 31.9% 和 25%。

目前，中阿双边合作机制主要是中阿政府间经济贸易合作委员会。该委员会成立于 1999 年，迄今已召开过五次会议。目前，该机制在中阿经贸合作中发挥着越来越重要的作用，成为进一步深化两国经贸关系的重要抓手。中阿间暂无投资合作磋商机制。

五、阿塞拜疆能够给中国企业提供投资合作咨询的机构

（一）中国驻阿塞拜疆大使馆经商参处

电话：00994-12-4656214　传真：00994-12-4652854/5645421

（二）阿塞拜疆驻中国大使馆

电话：010-65324614/65324698

（三）阿塞拜疆国家工商会

网址：www.chamber.com.az

（四）阿塞拜疆出口和投资促进基金会

网址：www.azpromo.org

（五）中国商务部研究院海外投资咨询中心

网址：www.caitec.org.cn

六、已在阿塞拜疆落地的部分中国企业和项目

伊斯兰堡：中国移动阿塞拜疆公司、中巴联合投资公司、华为技术阿塞拜疆公司、中兴电信阿塞拜疆公司、中原对外工程公司、中国水利电力对外公司、中国建筑工程有限公司、中国建材工业对外经济技术合作公司、新疆北新建设工程集团公司、中国路桥工程有限责任公司、中国机械对外经济技术合作公司、中油工程建设（集团）公司、中油东方地球物理（阿塞拜疆）公司、中油测井公司、四川石油管理局、振华石油控股有限公司、南方航空公司、华信邮电咨询设计研究院有限公司、北方工业公司、中国航空技术进出口公司、新疆道路桥梁工程总公司、上海神开石油科技有限公司办事处、河南送变电建设公司、上海建工集团、中国通信服务阿塞拜疆公司。

巴 林

一、国家地理等概况

巴林王国面积 767 平方公里。人口 137.7 万（世界银行 2015 年统计数据），外籍人口占 51%。85% 的居民信奉伊斯兰教，其中什叶派占 70%，逊尼派占 30%。官方语言为阿拉伯语，通用英语。首都位于麦纳麦。

二、巴林对外国投资合作的政策

优惠政策：巴林整体税负水平较低，对一般企业和个人基本实施零税收政策，无所得税、增值税、消费税和中间环节的各种税收。在专属工业区内投资可享受更加优惠的待遇，包括廉价工业用地、优惠劳工措施、免除原材料及设备进口关税等。

行业投资政策：为促进经济多元化及可持续发展，创造更多高质量就业岗位。巴林鼓励外资投向金融、商业服务、物流、教育、会展、制造、信息技术、地产及旅游等行业。

禁止的行业：博彩业、酿酒业、毒品加工、武器制造、烟草加工、放射性废物等。

限制的行业：只允许巴林公民和公司从事的行业有渔业、簿记、会计服务（审计除外）、赛车燃料进出口和销售、货物清关。只允许巴林或海合会国家公民及公司从事的行业有房地产中介和代理、印刷出版、电影、客货运输、租车、加油站、代办政府手续、外籍劳务中介、商业代理等。

其他限制为：商业和零售业，巴林籍公民占股 51% 以上；旅行社，必须有巴林籍合伙人；诊所，必须是巴林籍公民或在巴林定居的海合会国家公民；药店，巴林籍药剂师占股 50% 以上。

鼓励的行业：根据海湾国家合作委员会颁布的统一工业组织条例、巴林工商部及经济发展委员会提供的有关资料和信息，鼓励外资的领域有：①能生产当地所需消费品并能替代或与外国同类产品竞争的项目；②产品能够出口的项目；③能利用海湾国家现有资源的项目；④政府指定区域的发展项目；⑤有益于海湾地区工业一体化的项目；⑥环境保护项目；⑦技术引进项目。

三、巴林能够给中国企业提供投资合作咨询的机构

巴林主管国内投资和外国投资的政府部门是工商部，其在投资方面的职责是制定和实施外资管理政策，对外推广投资机会，重点吸引制造类外资企业，以及公司许可及注册、工业土地管理等事宜。

四、已在巴林落地的部分中国企业和项目

（一）落地企业

华为技术有限公司、中国建筑工程总公司、中兴通信股份有限公司、沈阳远大铝业工程有限公司、北京江河幕墙股份有限公司巴林分公司、中国银行巴林代表处。

（二）落地项目

中国商品集散平台"巴林龙城"设有 800 个商铺，为家具厨具、建材洁具、五金工具、灯具照明、电子电器、文体休闲、纺织布艺、家居用品、儿童用品等产品的中国企业提供"走出去"建立国际营销网络的平台。华为承接电信运营业务。

孟加拉国

一、国家地理等概况

孟加拉国位于南亚次大陆东北部的恒河和布拉马普特拉河冲积而成的三角洲上。东、西、北三面与印度毗邻，东南与缅甸接壤，南濒孟加拉湾。海岸线长550公里。全境85%的地区为平原，东南部和东北部为丘陵地带。大部分地区属亚热带季风型气候，湿热多雨。全年分为冬季（11—2月），夏季（3—6月）和雨季（7—10月）。年平均气温为26.5℃。冬季是一年中最宜人的季节，最低温度4℃，夏季最高温度达45℃，雨季平均温度30℃。面积147570平方公里，人口约1.60亿（世界银行2015年统计数据），孟加拉族占98%，另有20多个少数民族。孟加拉语为国语，英语为官方语言。伊斯兰教为国教，穆斯林占总人口的88%。

二、产业情况

孟加拉国是最不发达的国家之一，经济发展水平较低，国民经济主要依靠农业。孟加拉国近两届政府主张实行市场经济，推行私有化政策，改善投资环境，大力吸引外国投资，积极创建出口加工区，优先发展农业。根据世界银行最新的统计数据，2015年的主要经济数字如下：国内生产总值为1950.8亿美元，人均国内生产总值为1211.7美元，国内生产总值同比增长6.6%。货币名称：塔卡。

孟加拉国的矿产资源有限。主要能源——天然气已公布的储量为3113.9亿立方米，主要分布在东北地区，煤储量7.5亿吨。森林面积约200万公顷，覆盖率约13.4%。

工业以原材料和初级产品生产为主，包括水泥、化肥、黄麻及其制品、白糖、棉纱、豆油、纸张等；重工业薄弱，制造业欠发达。主要直接投资国为美国、英国、马来西亚、日本、中国、沙特阿拉伯、新加坡、挪威、德国、韩国等。

三、孟加拉国对外国投资合作的政策

孟加拉国主要的外资鼓励政策包括：①在投资准入方面，赴孟投资只需到孟加拉投资局办理登记注册即可，无须事先批准；对于在孟出口加工区内进行的投资，则受"孟加拉出口加工区管理局"管辖；对于在电力、矿产资源和电信领域投资，则须获得孟政府有关主管部门的同意；对于从事服装出口者则须向孟加拉商务部出口促进局申请生产配额。②外国投资者实施税收减免。③对外国投资主体实施国民待遇。④保证外国投资不被无偿国有化和征收。⑤保证投资本金、利润和红利可汇回本国。

四、孟加拉国对外经贸关系

自 1975 年中孟建交以来，在双方的共同努力下，中孟经贸关系取得长足发展，两国间投资合作稳定增长，双边贸易额稳步攀升。

［双边贸易］据中国海关统计，2015 年，中孟两国进出口总额 147.08 亿美元，同比增长 17.3%。其中，中国对孟加拉国出口 139.01 亿美元，同比增长 18.0%；进口 8.06 亿美元，同比增长 5.9%。

［投资］据中国商务部统计，2015 年当年中国对孟加拉国直接投资流量 3119 万美元。截至 2015 年末，中国对孟加拉国直接投资存量 1.88 亿美元。投资领域涉及服装、纺织、陶瓷、装修、饮用水、医疗、养殖、印刷、家电、轻工等行业，但主要集中在纺织服装及其相关的机械设备等领域。主要投资企业有利德成職公司、孟加拉新纪元制衣有限公司、新希望孟加拉有限公司、孟加拉通威饲料有限公司等。

劳务合作方面，孟加拉国劳动力资源丰富且成本低廉，中国在孟加拉外派劳务大部分属承包工程项下的劳务派出。据中国商务部统计，当年派出各类劳务人员 2517 人，年末在孟加拉劳务人员为 3454 人。

五、孟加拉国能够给中国企业提供投资合作咨询的机构

（一）中国驻孟加拉大使馆经济商务参赞处

网址：bd.mofcom.gov.cn

（二）孟加拉驻中国大使馆

网址：www.bangladeshembassy.com.cn

（三）孟加拉国投资局（简称 BOI）

网址：boi.gov.bd

（四）出口加工区管理局（简称 BEPZA）

网址：www.epzbangladesh.org.bd

（五）公私合营办公室（简称 PPPO）

网址：www.pppo.gov.bd

（六）经济区管理局（简称 BEZA）

网址：www.beza.gov.bd

（七）中国商务部研究院海外投资咨询中心

网址：www.caitec.org.cn

六、已在孟加拉国落地的部分中国企业和项目

中国路桥有限公司，长城孟加拉有限公司，华为技术有限公司，金景纺织化工有限公司，中国电线电缆进出口有限公司，中国黑龙江国际经济技术有限公司，徐州矿务集团有限公司，兰雁集团孟加拉公司。

白俄罗斯

一、国家地理等概况

白俄罗斯位于东欧平原西部，东邻俄罗斯，北部和西北部与拉脱维亚、立陶宛交界，西与波兰毗邻，南与乌克兰接壤。面积 20.76 万平方公里，人口 951.3 万（世界银行 2015 年统计数据）。共有 100 多个民族，其中白俄罗斯族占 81.2%，俄罗斯族占 11.4%，波兰族占 3.9%，乌克兰族占 2.4%，犹太族占 0.3%，其他民族占 0.8%。官方语言为白俄罗斯语和俄罗斯语。主要信奉东正教（70% 以上），西北部一些地区的居民信奉天主教及东正教与天主教的合并教派。

二、产业情况

白俄罗斯的工农业基础较好。机械制造业、冶金加工业、机床、电子及激光技术比较先进；农业和畜牧业较发达，马铃薯、甜菜和亚麻等产量在独联体国家中居于前列。苏联解体后，白经济一度陷入危机。1996 年起，白经济开始恢复性增长。2002 年 3 月，卢卡申科提出"白俄罗斯发展模式"，推行渐进改革，摒弃全盘私有化和休克疗法，建立可调控的市场经济体系，加强社会保障。2011 年，在诸多内外因素综合作用下，爆发了严重的经济金融危机，白卢布贬值近 200%，外汇储备急剧减少，物价大幅上涨，居民实际收入锐减，国内生产总值增长 5.5%。根据世界银行最新的统计数据，2015 年的主要经济数字如下：国内生产总值为 546 亿美元，人均国内生产总值为 5740.5 美元，国内生产总值同比下降 3.9%。

主要矿产资源有钾盐、岩盐、泥炭、磷灰石等。能源和原材料绝大部分靠进口。大小河流 2 万多条，总长 9.06 万公里。有 1 万余个湖泊，享有"万湖之国"的美誉。森林覆盖率为 36%。境内有 3.1 万种动物。

（一）工业

据白国家统计委员会数据，2012 年，白工业产值为 622 万亿白卢布（按照 1 美元兑 8370 白卢布计算，约合 743 亿美元），同比增长 5.7%。主要工业部门有机械制造、金属加工、化工、电子、光学仪器、石油加工、木材加工、轻工、食品加工等。

（二）农业

2011 年，农业产值为 56.7 万亿白卢布（按照 1 美元兑 8230 白卢布计算，约合 68.89 亿美元），比上年增长 6.6%。农业用地面积 1000 余万公顷。从业人员 48 万，约占总劳力的 10.3%。

（三）交通运输

铁路和公路交通网较发达，是欧洲交通走廊的组成部分。主要国际机场是明斯克国家机场。长途运输以铁路为主，铁路总长 5600 公里，其中 897 公里为电气化铁路。公路总长 6.6 万公里，其中硬面公路 7.43 万公里。石油运输管道 2984 公里，天然气运输管道 7421 公里，石油产品运输管道 1107 公里。2011 年，货运量为 662.95 亿吨公里。

三、白俄罗斯对外国投资合作的政策

白俄罗斯投资行业的法律法规有：白俄罗斯投资法典、白俄罗斯总统令标准法律文件、白俄罗斯民法和其他法律、白俄罗斯参与签署的国际协议和投资协议等。

根据《白俄罗斯投资法》，没有总统的特令，不允许外国投资国防和国家安全领域；禁止外国投资者生产和销售白俄罗斯卫生部清单上所列的麻醉型、剧毒型物质。除此之外，无其他限制。

投资方式的规定：白俄罗斯投资法规定，在其境内的投资活动以下列形式实施。成立法人，购置财产或财产权：具体是指法人法定基金中的份额、不动产、有价证券、知识产权项目的所有权、租赁、设备、其他基础设施。成立外资企业：通过新注册或者购买非外资法人机构的股份，以及整体或部分购买企业，作为财产方式成立的外资企业。投资来源主要包括：投资者自有资金，包括折旧基金、支付税费和其他费用后的剩余利润，出

售法人注册资本金等；借债和引资，包括银行和非银行等金融机构的贷款，创立者（参与者）和其他法人及自然人的借款、债券等。

近年来，为了创造有利的引资条件、提高经济发展效率，白俄罗斯对国有财产私有化，以及将国有单一制企业改革为开放式股份公司等方面的相关法律法规进行了补充和完善。目前，可通过股份的拍卖和招标、企业的拍卖和招标，以及通过委托管理出售股份公司股份等方式实施私有化。

2009 年 5 月 28 日，卢卡申科总统签署第 265 号令，允许私营企业投资工程、交通和社会基础设施建设。私营企业投资基础设施建设将有助于增加经营主体，减少国家预算的负担，缩短建设工期。之前，居民区基础设施建设资金主要来源于国家和地方财政预算（包括道路和其他国有专项基金、土地租赁权转让收入），国有白俄罗斯能源公司、白俄罗斯燃料燃气公司及邮电部、交通运输部自有资金。目前，白俄罗斯政府十分鼓励和推动 BOT 合作方式，出台了相关的优惠政策，并提出了一些优先合作的项目。

四、白俄罗斯对外经贸关系

［双边贸易］中白两国于 1992 年建交之初，双边贸易额只有 3390 万美元，此后 10 年内一直徘徊不前，2000 年才达到 1.1 亿美元，但 2001 年又大幅下降 61.9%。从 2002 年开始，双边贸易稳步上升。据白俄罗斯官方统计，2015 年，双边贸易额为 31.8 亿美元，其中，中国对白俄罗斯出口 24 亿美元，中国自白俄罗斯进口 7.8 亿美元。

［货币互换协议］2015 年 5 月 10 日，白俄罗斯央行和中国人民银行签署了双边货币互换协议，协议实施有效期 3 年，经双方同意可以展期。

五、白俄罗斯能够给中国企业提供投资合作咨询的机构

（一）中国驻白俄罗斯大使馆经商参处

电话：00375-17-2104905，2202928

（二）白俄罗斯中资企业协会

电话 / 传真：00375-17-3664877

（三）白俄罗斯驻中国大使馆

网址：china.mfa.gov.by

（四）白俄罗斯投资促进机构

电话：00375-17-2008175

（五）中国商务部研究院海外投资咨询中心

网址：www.caitec.org.cn

六、已在白俄罗斯落地的部分中国企业和项目

中国路桥公司、中工国际工程股份有限公司、中国机械设备工程股份有限公司等 20 多家国有企业，轩辕集团、江苏牧羊集团、江苏伟达国际贸易有限公司、上海岳冠国际贸易有限公司等民营企业。华为技术保加利亚公司、中兴保加利亚公司、国家开发银行保加利亚工作组、中材建设保加利亚公司、合肥海润保加利亚项目公司、天津农垦保加利亚公司。

波 黑

一、国家地理等概况

波斯尼亚和黑塞哥维那，简称波黑，位于巴尔干半岛中西部。南、西、北三面与克罗地亚毗连，东与塞尔维亚、黑山为邻。大部分地区位于迪纳拉高原和萨瓦河流域。南部极少部分濒临亚得里亚海，海岸线长约22公里。南部属地中海气候，北部属大陆性气候。南部1月份平均气温为6.3℃，7月份平均气温为27.4℃，北部1月份平均气温为–0.2℃，7月份平均气温为22.7℃，年平均气温为11.2℃。面积5.12万平方公里。人口381万（世界银行2015年统计数据），其中波黑联邦占62.5%，塞尔维亚族共和国占37.5%。主要民族为：波什尼亚克族，约占总人口的43.5%；塞尔维亚族，约占总人口的31.2%；克罗地亚族，约占总人口的17.4%。三族分别信奉伊斯兰教、东正教和天主教。官方语言为波什尼亚语、塞尔维亚语和克罗地亚语。

二、产业情况

波黑战争给经济带来严重破坏，几近崩溃。近年来，在国际社会援助下，波黑经济恢复取得一定进展。根据世界银行最新的统计数据，2016年的主要经济数字如下：国内生产总值为165.6亿美元，人均国内生产总值为4709美元，国内生产总值同比增长3.2%。货币名称：可兑换马克，或称波黑马克。

波黑的矿产资源丰富，主要有铁矿、褐煤、铝矾土、铅锌矿、石棉、岩盐、重晶石等，其中煤炭蕴藏量达38亿吨。图兹拉地区食用盐储量为欧洲之最。波黑拥有丰富的水资源，潜在的水力发电量达170亿千瓦。森林覆盖面积占波黑全境面积的46.6%，其中65%为落叶植物，35%为针叶植物。

（一）工业

2011年，波黑主要工业产品产量：电力152.8亿千瓦小时，煤1262.78

万吨。2010 年，波黑工业产值同比增长 6.4%。

（二）农业

2011 年，波黑主要畜产品饲养量：牛 45.5 万头，羊 102.1 万头，猪 57.7 万头，家禽 1870.3 万只。2011 年，波黑主要农产品产量：小麦 21 万吨，玉米 120.3 万吨，土豆 41.3 万吨。

（三）旅游业

2011 年，波黑全国旅游人数 68.6 万人次，其中外国游客 39.2 万人次，国内游客 29.4 万人次。旅游设施主要有旅馆、浴场、私人小旅馆、汽车宿营地、温泉和疗养地等。主要旅游景点是萨拉热窝、巴尼亚卢卡和莫斯塔尔。

（四）交通运输

波黑位于前南斯拉夫的中心地区，连接原南与欧洲的部分重要交通干线。交通运输以铁路和公路为主。2011 年，波黑全国注册机动车 85.41 万辆，其中小汽车 73.53 万辆，卡车 74956 辆，公共汽车 3992 辆，摩托车 7715 辆。

公路：2010 年，全国公路总长 22600 公里，全国公路运输客运量为 2866.9 万人次，货运量为 480.8 万吨。

铁路：2010 年，波黑全国铁路运输客运量为 89.8 万人次，货运量为 1288.2 万吨。

空运：波黑有 4 个国际机场，分别是萨拉热窝、巴尼亚卢卡、莫斯塔尔和图兹拉。2010 年，航空客运量为 59.1 万人次。

三、波黑对外经贸关系

2000 年，波黑与中国签订经济贸易和技术合作协定。据中国海关统计，2015 年中国和波黑双边贸易额为 1.15 亿美元，比 2014 年下降 64.1%；其中，中方出口额 6153.9 万美元，同比下降 78.34%，进口额 5372.9 万美元，同比增长 44.3%；中方顺差 781 万美元。

目前，中国与波黑尚未签署货币互换协议。

四、波黑能够给中国企业提供投资合作咨询的机构

（一）中国驻波黑大使馆经商参处

网址：ba.mofcom.gov.cn

（二）中国驻波黑大使馆

网址：ba.chineseembassy.org

（三）波黑驻中国大使馆

地址：www.fmprc.gov.cn

（四）波黑投资促进机构

网址：www.fipa.gov.ba

（五）中国商务部研究院海外投资咨询中心

网址：www.caitec.org.cn

五、已在波黑落地的部分中国企业和项目

（一）落地企业

中国机械设备工程股份有限公司。

（二）落地项目

2016 年 1 月 14 日，中国机械设备工程股份有限公司、中非投资基金同波黑 Gradina 公司在莫斯塔尔签署了关于建设波黑 Tomislavgrad 风电项目的 MOU。项目投资预计 1.5 亿欧元，将是波黑第一个风电项目。

文 莱

一、国家地理等概况

文莱达鲁萨兰国面积 5765 平方公里。人口 42.3 万（世界银行 2015 年统计数据），马来人占 66.4%，华人占 11%，其他种族占 22.6%。马来语为国语，通用英语，华语使用较广泛。伊斯兰教为国教，其他还有佛教、基督教、道教等。首都位于斯里巴加湾市，位于文莱—穆阿拉区，面积15.8 平方公里，人口约 6 万，原称文莱市，从 17 世纪起即成为文莱首都，1970 年 10 月 4 日改为现名。

二、产业情况

文莱是东南亚主要的产油国和世界主要液化天然气生产国。石油和天然气的生产和出口是国民经济的支柱，约占国内生产总值的 67% 和出口总收入的 96%。近年来，侧重油气产品深度开发和港口扩建等基础设施建设，积极吸引外资，促进经济向多元化方向发展。经过多年努力，文莱非油气产业占 GDP 的比重逐渐上升，特别是建筑业发展较快，成为仅次于油气工业的重要产业。服装业亦有较大发展，已成为继油气业之后的第二大出口收入来源。文莱经济发展中存在的主要问题是国内市场狭小、基础设施薄弱以及技术和人才短缺等。根据世界银行最新的统计数据，2015 年的主要经济数字如下：国内生产总值为 154.9 亿美元，人均国内生产总值为 36607.9 美元，国内生产总值同比增长 –0.5%。货币名称：文莱元。

（一）资源

文莱已探明原油储量为 14 亿桶，天然气储量为 3900 亿立方米。有 11个森林保护区，面积为 2277 平方公里，占国土面积的 39%，86% 的森林保护区为原始森林。

(二) 工业

以石油、天然气开采和提炼为主,建筑业是新兴的第二大产业,其他还有食品加工、家具制造、陶瓷、水泥、纺织等。

(三) 农业

随着20世纪70年代油气和公共服务业的发展,很多人弃农转业,传统农业受到冲击,现仅种植少量水稻、橡胶、胡椒、椰子、木瓜等,农业在国民生产总值中仅占1%左右。近年来,文莱大力扶持以养鸡业为主的家禽饲养业,鸡肉已能90%自给,鸡蛋实现完全自给。

(四) 旅游业

旅游业是文莱近年来除油气业外大力发展的又一产业。文莱政府采取多项鼓励措施吸引海外游客赴文旅游,主要旅游景点有独具民族特色的水村、王室陈列馆、赛福鼎清真寺、杰鲁东公园等。2009年,入境文莱的旅客达15.7万人次。2000年,文莱成为中国公民自费出国旅游目的地国。据文莱统计,2010年赴文旅游的中国游客达22000人次,中国成为文莱第一大游客入境市场和仅次于马来西亚的第二大人员入境市场。

(五) 对外贸易

主要出口原油、液化天然气、甲醇等,进口机器和运输设备、工业品、食品、化学品等。主要贸易对象为日本、东盟国家、韩国、中国、澳大利亚等。

三、文莱对外国投资合作的政策

文莱税赋较低,基础设施完善,投资风险较低,投资环境优越。文莱政府为实现多元化发展,重视建设良好的商业和投资环境,提供了该地区最宽松的税收环境。文莱免征流转税、个人所得税等诸多税种,国内税主要税种为企业所得税,经苏丹批准,2015年文莱企业所得税率已下调至18.5%,在东盟地区属较低税率。文莱还提供"先锋产业"政策,对国内亟须发展的行业实施企业所得税和设备进口关税减免,免税期高达11年,出口型服务行业可享受长达20年免税政策,并可根据后续投资情况延长免税期。

四、文莱能够给中国企业提供投资合作咨询的机构

文莱主管国内投资和外国投资的部门为工业与初级资源部和经济发展局。其中，招商引资工作主要由经济发展局负责。

五、已在文莱落地的部分中国企业和项目

（一）落地企业

恒逸实业（文莱）有限公司、华为技术（文莱）有限公司、中交第三航务局有限公司兴安基公司、中水电一百科地联营体公司、中国通信服务股份有限公司文莱公司、中铁二局文莱公司、长江武汉航道工程局、北京同仁堂（文莱）有限公司、文莱中海油服合营公司、葫芦岛（文莱）钢铁有限公司、国泰（文莱）海洋生物有限公司等。

（二）落地项目

华为技术有限公司承建文莱电信项目；同方威视技术股份有限公司承建文莱项目；中国港湾中标文莱大摩拉岛大桥项目，项目合同额约 2 亿美元，工期 3 年；浙江恒逸集团在文莱大摩拉岛获批综合炼油项目；文莱与广西壮族自治区政府签订合作备忘录，推动双方在种植业、食品与药品生产与加工、交通物流、旅游等领域的务实合作。

保加利亚

一、国家地理等概况

保加利亚位于巴尔干半岛的东南部,北与罗马尼亚隔多瑙河相望,西与塞尔维亚、马其顿相邻,南与希腊、土耳其接壤,东临黑海,海岸线长 378 公里。北部属大陆性气候,南部属地中海气候。平均气温 1 月份为 –2℃ ~ 2℃,7 月份为 23℃ ~ 25℃。面积 111001.9 平方公里。人口 717.7 万人(世界银行 2015 年统计数据)。其中,保加利亚族占 84%,土耳其族占 9%,罗姆族(吉卜赛)占 5%,其他(马其顿族、亚美尼亚族等)占 2%。保加利亚语为官方和通用语言,土耳其语为主要少数民族语言。居民主要信奉东正教,少数人信奉伊斯兰教。

二、产业情况

1989 年剧变前,保加利亚国民收入的 90% 靠进出口贸易来实现,进出口主要依赖前经互会国家。1989 年后,保开始向市场经济过渡,发展包括私有制在内的多种所有制经济,优先发展农业、轻工业、旅游业和服务业。至 2004 年底,保大部分国有资产已完成私有化。2001 至 2008 年经济增长平均保持在 5% 以上。2009 年以来,受金融危机影响,经济有所衰退,2010 年后经济逐步企稳回升。根据世界银行最新的统计数据,2016 年的主要经济数字如下:国内生产总值为 523.95 亿美元,人均国内生产总值为 7351 美元,国内生产总值同比增长 3%。

保加利亚的自然资源贫乏。主要矿藏有煤、铅、锌、铜、铁、铀、锰、铬、矿盐和少量石油。森林面积约 408 万公顷,约占全国总面积的 37%。

(一)工业

2013 年,工业产值为 626.63 亿列弗,同比增长 0.08%。主要工业部门有冶金、食品、轻纺、机械制造、造纸、化工等。

（二）农业

2013 年，农业产值为 71.47 亿列弗。

（三）服务业

20 世纪 90 年代以来，保加利亚的服务业发展迅速。

（四）旅游业

保加利亚的旅游业比较发达。2013 年，接待外国旅游者 919 万人次，同比增长 3.5%，主要来自罗马尼亚、希腊、土耳其、德国、俄罗斯、马其顿、塞尔维亚、乌克兰、波兰、英国、奥地利、法国、捷克。2013 年，共有旅馆 2055 家，床位 30.24 万张。

（五）交通运输

保加利亚以铁路和海运为主。2013 年，全国客运总量为 172.58 亿人公里，货运总量 361.65 亿吨公里。

铁路：2013 年总长 5540 公里，电气化铁路占 71.2%。

公路：2013 年总长 37.43 万公里（各级公路），货车 348834 辆、公交车 22792 辆。

水运：2013 年有商船 127 艘。

有三个主要港口：瓦尔纳港、布尔加斯港和鲁塞港。

三、保加利亚对外国投资合作的政策

保加利亚投资署制定了《投资环境和主要产业指导》《法律指导》《主要投资者信息》等文件和材料。保加利亚提出在制造业、可再生能源、信息产业、研发、教育以及医疗 6 个行业投资的外国公司将得到优惠政策的支持，同时取消了对钢铁、船舶、化纤制造行业的外商投资的优惠政策。

2008 年，保加利亚投资署推出 8 个重点吸引外资的行业：电气电子、机械加工、化工、食品及饮料加工、非金属采矿、医药行业、再生能源及服务外包。

2012 年 6 月，保加利亚国民议会表决通过《公私伙伴关系法》，系统规定了公司伙伴关系（或称公共和私营部门合作制）的定义、适用产业、特许经营年限、PPP 程序、合同签署、执行和终止、争端解决和行政处罚等内容。BOT 作为 PPP 模式的具体形式受该法规限制。该法于 2013 年 1 月 1 日起正式实施。

四、保加利亚对外经贸关系

1952 年，中保签订了两国政府间第一个贸易协定，实行政府间记账贸易方式。从 1991 年开始改为现汇贸易方式。1985 年，中保两国成立了政府间经济、贸易及科技合作委员会（2007 年第 13 届改为经济合作委员会），该委员会迄今共举行了 15 次会议。

2015 年，中保经贸关系总体呈现稳中有升态势，主要表现在：双边往来更加密切，政府和企业间经贸团组互访频繁，保方积极性不断提升；经济合作形式不断丰富，合作领域继续扩大，大部分项目进展顺利；贸易总额保持增长，结构趋于合理。

五、保加利亚能够给中国企业提供投资合作咨询的机构

（一）中国驻保加利亚大使馆经商参处

网址：bg.mofcom.gov.cn

（二）保加利亚中资企业协会

地址：Hagexcga str. area 1，150 栋 8 层 90 号

传真：00359-29388008　电邮：bgzbsh@126.com

（三）保加利亚驻中国大使馆

网址：www.chinaembassy.bg/chn/

（四）保加利亚投资促进机构

网址：www.investbg.government.bg

（五）中国商务部研究院海外投资咨询中心

网址：www.caitec.org.cn

六、已在保加利亚落地的部分中国企业和项目

中国移动辛姆巴科有限公司、中巴联合投资公司、中国工商银行伊斯

兰堡分行、华为技术保加利亚公司、中兴电信保加利亚公司、中国水利电力对外公司驻保加利亚办事处、中国建筑工程有限公司保加利亚分公司、中国路桥工程有限责任公司驻保加利亚办事处、中油东方地球物理保加利亚分公司、中石油川庆钻探工程有限公司保加利亚分公司、南方航空公司驻伊斯兰堡办事处、中国葛洲坝集团股份有限公司驻保加利亚办事处、中国水利水电建设集团公司保加利亚总代表处、普拉姆—轻骑摩托车有限公司、海尔—鲁巴有限公司（海尔保加利亚工业园）、长虹—鲁巴有限公司、中国冶金集团资源开发公司保加利亚办事处、中国港湾工程公司驻保加利亚办事处、中国工商银行卡拉奇分行、中国国际航空公司驻卡拉奇办事处、中远运输公司（中国远洋—萨意卡拉奇有限公司）。

柬埔寨

一、国家地理等概况

柬埔寨王国面积181035平方公里。人口1557万,有20多个民族,高棉族是主体民族,占总人口的80%,少数民族有占族、普农族、老族、泰族、斯丁族等。高棉语为通用语言,与英语、法语同为官方语言。佛教为国教,93%以上的居民信奉佛教,占族信奉伊斯兰教,少数城市居民信奉天主教。华人华侨约70万。首都位于金边,人口约150万。

二、产业情况

柬埔寨是传统农业国,工业基础薄弱,属世界上最不发达国家之一,贫困人口占总人口的20%。柬政府实行对外开放的自由市场经济,推行经济私有化和贸易自由化,把发展经济、消除贫困作为首要任务。洪森政府实施以优化行政管理为核心,加快农业建设、基础设施建设、发展私营经济和增加就业、提高素质和加强人力资源开发的"四角战略",把农业、加工业、旅游业、基础设施建设及人才培训作为优先发展领域,推进行政、财经、军队和司法等改革,提高政府工作效率,改善投资环境,取得了一定成效。根据世界银行最新的统计数据,2015年的主要经济数字如下:国内生产总值为180亿美元,人均国内生产总值为1158.7美元,国内生产总值同比增长7%。

(一)资源

矿藏主要有金、磷酸盐、宝石和石油,还有少量铁、煤。林业、渔业、果木资源丰富。盛产珍贵的柚木、铁木、紫檀、黑檀、白卵等热带林木,并有多种竹类。森林主要分布在东、北和西部山区,木材储量约11亿多立方米。洞里萨湖是东南亚最大的天然淡水渔场,素有"鱼湖"之称。西南沿海也是重要渔场,多产鱼虾。近年来,由于生态环境失衡和过度捕捞,水产资源减少。

（二）工业

工业被视为推动柬国内经济发展的支柱之一，但基础薄弱，门类单调。1991 年底实行自由市场经济以来，国有企业普遍被国内外私商租赁经营。工业领域为 50 万名柬国国民创造就业机会。2012 年全年柬出口服装 46 亿美元，同比增长 8%，占当年出口比重的 83.7%，主要出口市场为美国、欧盟、加拿大、日本、韩国和中国。制衣业继续保持柬工业主导地位和出口创汇龙头地位，是柬重要的经济支柱。目前，全国共有 630 多家制衣厂，同比增长 31.2%，雇佣工人 35 万人，其中 91% 的工人为女工。

（三）农业

农业是柬经济第一大支柱产业。农业人口占总人口的 85%，占全国劳动力的 78%。可耕地面积 630 万公顷。2012 年，全年全国水稻种植面积 297.1 万公顷，同比增加 20.4 万公顷。稻谷产量 931 万吨，同比增长 6%，每公顷产量 3.13 吨。除满足国内需求外，剩余 475 万吨稻谷，可加工成约 300 万吨大米供出口。天然橡胶种植面积 28 万公顷，产量为 6.45 万吨，同比分别增长 31% 和 26%。渔业产量 66.2 万吨，同比增长 13%。

（四）旅游业

2000 年，柬政府大力推行"开放天空"政策，支持、鼓励外国航空公司开辟直飞金边和吴哥游览区的航线。2002 年，柬政府加大对旅游业的资金投入，加紧修复古迹，开发新景点，改善旅游环境。2012 年，柬埔寨共接待外国游客 358 万人次，同比增长 24.4%。前五大外国游客来源国分别是：越南（76.3 万人次）、韩国（41.1 万人次）、中国（33.4 万人次）、老挝（25.4 万人次）和泰国（20.1 万人次）。旅游收入达 22.1 亿美元，同比增长 11.1%，约占 GDP 的 14.2%，直接或间接创造了约 35 万个就业岗位。东盟国家来柬游客人数增势明显，达 151.4 万人次，占接待外国游客人数的 42.2%，同比增长 37.5%。

（五）对外贸易

2003 年 9 月，柬加入世界贸易组织。主要商品是服装、橡胶、大米和木薯等，主要进口商品为成衣原辅料、燃油、食品、化工、建材、汽车等。主要贸易伙伴是美国、欧盟、中国、泰国、越南、日本和加拿大。

三、柬埔寨对外国投资合作的政策

鼓励投资的领域：《投资法》第十二条规定，柬埔寨政府鼓励投资的重点领域包括：创新和高科技产业；创造就业机会；出口导向型；旅游业；农工业及加工业；基础设施及能源；各省及农村发展；环境保护；在依法设立的特别开发区投资。投资优惠包括免征全部或部分关税和赋税。

限制投资的领域：《投资法修正法实施细则》（2005年9月27日颁布）列出了禁止柬埔寨和外籍实体从事的投资活动，包括：神经及麻醉物质生产及加工；使用国际规则或世界卫生组织禁止使用、影响公众健康及环境的化学物质生产有毒化学品、农药、杀虫剂及其他产品；使用外国进口废料加工发电；《森林法》禁止的森林开发业务；法律禁止的其他投资活动。

投资方式的规定：外国直接投资方式、合资企业方式、合格投资项目合并方式、收购合格投资项目方式。

四、柬埔寨能够给中国企业提供投资合作咨询的机构

（一）中国驻柬埔寨大使馆经商参处

网址：cb.mofcom.gov.cn

（二）柬埔寨中资企业协会

（1）柬埔寨中国港澳侨商总会

电话：00855-23216880

（2）柬埔寨驻中国大使馆

电话：010-65321889

（三）柬埔寨投资促进机构

（1）柬埔寨发展理事会柬埔寨投资委员会

网址：cdc.csezb@camintel.com

（2）中国商务部研究院海外投资咨询中心

网址：www.caitec.org.cn

五、已在柬埔寨落地的部分中国企业和项目

（一）落地企业

中国华电集团公司、中国重型机械总公司、中国水电建设集团、中国电力技术进出口公司、中国大唐公司、广东外建、上海建工、云南建工、江苏红豆集团、柬埔寨光纤通信网络有限公司、华岳集团、华立生态、盾安有限公司、优联发展集团有限公司、巴戎航空有限公司、中国免税品集团有限公司、申洲有限公司、欣兰制衣厂有限公司等。

（二）落地项目

截至 2014 年底，已经完成投产和正在进行的项目主要包括基里隆 I 号水电站项目、贡不省甘再水电站项目、基里隆号 1 号、3 号水电站、戈公省达岱水电站、斯登沃代水电站、额勒赛水电站项目及西港燃煤电厂等。

克罗地亚

一、国家地理等概况

克罗地亚位于欧洲中南部，巴尔干半岛的西北部。西北和北部分别与斯洛文尼亚和匈牙利接壤，东部和东南部与塞尔维亚、波斯尼亚和黑塞哥维那、黑山为邻，南濒亚得里亚海，岛屿众多，海岸线曲折，长1777.7公里。面积56594平方公里。人口422.4万（世界银行2015年统计数据）。主要民族有克罗地亚族（89.6%），其他为塞尔维亚族、波什尼亚克族、意大利族、匈牙利族、阿尔巴尼亚族、斯洛文尼亚族等，共22个少数民族。官方语言为克罗地亚语。主要宗教是天主教。

二、产业情况

克罗地亚是前南斯拉夫地区经济较为发达的国家，经济基础良好。旅游、建筑、造船和制药等产业发展水平较高。森林和水力资源丰富，全国森林面积223.2万公顷，森林覆盖率为40%。此外，还有石油、天然气、铝等资源。根据世界银行最新的统计数据，2016年的主要经济数字如下：国内生产总值为504.25亿美元，人均国内生产总值为12091美元，国内生产总值同比增长1.6%。货币名称：库纳。

（一）工业

2009年，工业从业人员46万人，占全国总劳动力的31%。2010年，工业产值1216亿库纳。2012年，工业产值同比下降5.5%。主要工业部门有食品加工、纺织、造船、建筑、电力、石化、冶金、机械制造和木材加工业等。

（二）农业

2009年，农业从业人口约为7万，占全国总劳动力的4.6%。2010年，农业产值212.92亿库纳，同比下降1.2%，约占国内生产总值的6.4%。

农业主要包括种植业、畜牧业、林业、渔业等。全国农业可耕地面积为269.5 万公顷,播种面积约为 85 万公顷。

(三)服务业

服务业领域包括商业、餐饮、酒店、交通、金融、教育、医疗和社保等。2009 年,服务业从业人员 96.7 万,占全国总劳动力的 65%。

(四)旅游业

克罗地亚的旅游业十分发达,是国民经济的重要组成部分和外汇收入的主要来源。2012 年,克罗地亚旅游收入 90 亿美元,占国内生产总值的16%。游客总人数约为 1183.5 万人,同比增长 3.3%。旅游者主要来自德国、斯洛文尼亚、意大利、奥地利和捷克等国。主要风景区有亚得里亚海海滨、普利特维采湖群和布里俄尼岛等。

(五)交通运输

克罗地亚的交通运输业较为发达,以铁路和公路为主。

铁路:2011 年总长 2722 公里,其中电气化铁路 980 公里,占总里程的 33%。2011 年的客运量约为 4998 万人次,货运量约为 1179 万吨。

公路:2011 年总长 29410 公里,其中高速公路 1245 公里。2011 年,公交客运量约为 5256 万人次,货运量约为 7465 万吨。截至 2011 年底,克罗地亚拥有小汽车 151.8 万辆,货车 15.5 万辆。

水运:2009 年拥有商用客船 85 艘,总载客量为 34261 人;商用货船64 艘,总吨位为 156 万吨。2010 年,克海上客运量为 1293 万人次,比上年增长 4.3%;货运量为 3035 万吨,下降 5%。克拥有 7 个可以停泊大型远洋轮船的海港,分别为里耶卡、普拉、希贝尼克、扎达尔、斯普利特、普洛切和杜布罗夫尼克。其中,里耶卡港地位突出,经此港可通达克全境及整个欧洲。2010 年,港口总吞吐量为 2433 万吨。

空运:2009 年有客机 21 架,航线 21 条。2011 年的客运量约为 208万人次,货运量 3000 吨。有 8 个国际机场,主要机场为萨格勒布"普莱索"机场。1998 年 1 月 1 日,克罗地亚航空公司成为欧洲航空协会的第 27 个正式成员。

管道运输:2011 年,输油管道总长 610 公里,天然气管道总长 2141

公里。2011 年，输油 531.9 万吨，输气 245 万吨。

三、克罗地亚对外国投资合作的政策

外商在克罗地亚投资和注册公司即享受克国民待遇。在权利和义务、公司中的法律地位等方面与克本国公司的待遇相同。根据克罗地亚宪法的规定，通过投资获得的权利将不会因法律或其他法规变化而削弱，同时，保证利润自由汇出，保证投资项目完结后将分获的资本自由携带出境。

克罗地亚对外商在克的投资形式没有限制，外商可以下列形式在克投资：①现金投资。外国投资者可以外汇现金、库纳投资；②有形资产投资（机械设备、动产或不动产等）；③无形投资（工业产权、专有技术、商标等）。外商可以对商业公司、银行及保险部门进行投资，建立手工作坊或从事个体商业活动，参与 BOT 项目建设。

对投资额不低于 400 万库纳（约合 50 万美元）的投资者，以及符合环保要求和以下条件的外商投资项目，克罗地亚政府将给予特殊的鼓励、税收和关税优惠政策：引进新设备和现代化技术；引进新生产方式和新产品；扩大就业和在职培训；促进经营的现代化；发展深加工产品的生产；扩大出口；促进经济发展和就业及克罗地亚落后地区的经济发展；发展新的服务业；节约能源；加强信息产业发展；同国外金融机构合作；使克罗地亚经济符合欧盟标准。享受优惠政策的外资企业必须是新注册的并完全按其注册经营范围从事生产经营的企业。在特殊情况下，如果投资旅游业，根据投资者的要求及旅游部的建议，克罗地亚政府可以允许现有公司享有鼓励措施、税收和关税优惠。

部分优惠措施：①提供租赁、提供建筑权、按商业或更优惠的条件出售或提供使用不动产及其他基础设施，包括其无偿使用；②协助建立新的就业岗位；③协助进行专业培训；④创造新的就业岗位的优惠享有者可从国家基金获得每个新工人 15000 库纳的一次性资助，但新工人的工作年限不得低于 3 年；⑤如投资者对就业人员进行专业培训，可从国家基金获得 50% 培训资金的资助。国家基金会按照克劳动和社会福利部的建议决定鼓励措施的实施。

税收优惠：投资额不少于 1000 万库纳，就业人数不少于 30 人，投资

第二年开始的 10 年内缴纳 7% 的利润税（克正常利润税为 35%）；投资额超过 2000 万库纳，就业人数不少于 50 人，投资第二年开始的 10 年内缴纳 3% 的利润税；投资额超过 6000 万库纳，就业人数不少于 75 人，投资第二年始的 10 年内免缴利润税；投资者按照优惠税率支付利润税，但投资者的税收优惠总额不得超过其投资总额；税收优惠总额根据《利润税法》计算的利润税应缴数额与根据本法计算的利润税数额的绝对差额来确定；当鼓励措施、税收和关税优惠的享受者减少本款第 1、2、3 条规定的就业人员时，其享受优惠的权利将被终止，并必须归还利用这些优惠措施获得的利润及利息；鼓励措施、税收和关税优惠的享受者一旦被取消享受这些优惠，将不再重新获得享受优惠的权利。作为股份的土地、一年以上的建筑物、已被使用过的设备不列作投资金额。

关税优惠：如果投资者行为对总的经济发展、就业、均衡的地区发展或对某经济部门具有特殊的经济意义，克政府可根据主管部门的建议，扩大优惠措施、税收和关税优惠，并将上个结算期内的亏损转移延长 10 年。

四、克罗地亚对外经贸关系

中国与克罗地亚 1992 年签署了《政府间经贸协定》，之后又签署了《相互鼓励和保护投资协定》《避免双重征税协定》。中国与克罗地亚尚未签署货币互换协议，未签订产能合作协议 FTA 协定。中克政府间建有经贸混委会机制。2015 年 3 月 1 日，中克第十次经贸混委会在北京召开。中克未建立投资合作磋商机制。

据中国海关统计，2015 年，中克双边贸易额达到 109.74 万美元，同比下降 2.7%。其中，中国向克罗地亚出口 98.56 万美元，同比下降 4.1%；自克罗地亚进口 11.18 万美元，同比增长 11.1%。

五、克罗地亚能够给中国企业提供投资合作咨询的机构

（一）中国驻克罗地亚大使馆经商参处

网址：hr.mofcom.gov.cn

（二）克罗地亚驻中国大使馆

网址：www.fmprc.gov.cn

（三）克罗地亚投资促进机构

网址：www.aik-invest.hr/en/

（四）中国商务部研究院海外投资咨询中心

网址：www.caitec.org.cn

六、已在克罗地亚落地的部分中国企业和项目

华为公司驻克罗地亚办事处，中兴通讯公司驻克罗地亚办事处。

塞浦路斯

一、国家地理等概况

塞浦路斯共和国面积 9251 平方公里，其中塞北部土族区面积 3355 平方公里。人口 116.5 万（世界银行 2015 年统计数据），其中，希腊族占 71.5%，土耳其族占 19.0%，外籍人占 19.0%。主要语言为希腊语和土耳其语，通用英语。首都位于尼科西亚。希腊族信奉东正教，土耳其族信奉伊斯兰教。年均最高气温为 31℃～37℃，最低气温为 5℃～15℃。

二、塞浦路斯对外国投资合作的政策

优惠政策：塞浦路斯对于本国投资者、外国投资者设立的企业一视同仁，采取相同的管理方式，外资企业享受国民待遇。塞浦路斯有欧盟最低的所得税税率，此外对于塞浦路斯居民控股的公司还享受一系列的税收优惠政策：①分得的股息免于征税，要求参股的最低限额为 1%，被投资公司的收入必须直接或间接来源于贸易，而不是来源于投资。若 50% 以上的收入是投资所得，为了申报税收减免，投资公司的盈利需先征税，税率不能低于塞浦路斯税收的比率。②投资后的销售所得免税。③没有最低投资控股期限制。

2015 年 7 月，塞浦路斯总统宣布了旨在提振经济和吸引投资的减税措施，主要包括：减免新增投资资本应缴税，提高和延长设备及厂房投资津贴至 2016 年底；引入"非定居居民"身份资格，在自愿缴税的前提下免征特别国防贡献税；继续给予在塞浦路斯务工并取得居民身份的个人税收减免；房地产过户手续费减半；2016 年底前购房免征资本利得税；合并地方和中央政府的不动产税，按照不动产 2013 年估值合并征收 0.1% 的税收。

行业投资政策：有利于吸引和发展高新技术产业、技术密集型产品；

有利于帮助和发展塞浦路斯传统经济的产业；提高生产力和劳动者技能的企业，资本密集型的国外投资，均受国家政策鼓励和资金支持。在制造业领域，国家拨款并提供借贷担保用于扶持中小型企业。2012年5月24日，塞浦路斯通过新的税收优惠政策以促进经济增长，主要针对知识产权政策，修改内容如下：

（1）知识产权的收购成本自收购之日起在直线法下5年内进行摊销，即每年摊销收购成本的20%；

（2）任意会计年度通过该知识产权获取的净收益的80%在该年度免于征税。净收益是剔除所有直接为产生该收益发生的相关费用后的净值；

（3）处置知识产权获取的净利润的80%在处置当年免于征税。净利润是处置知识产权获取的收入抵减所有直接与处置该知识产权相关的费用的净收益；

（4）知识产权的定义包含了所有在专利法、知识产权法和商标法中规定的无形资产，知识产权的范围在新税收法案中被扩大，包括专利、商标、版权等。

投资行业的规定：涉及国计民生的行业，如邮政、电力、电信、机场、港口、供水和航空公司等归政府所有。房地产、高等教育、公共服务、广播电视、航空等领域限制外资，无论投资者来自欧盟成员国还是非欧盟成员国。

对于直接投资，外资比例没有最大或最小的限制。对于股权投资，投资者最多可以获得在塞浦路斯证券交易所上市公司100%的股本。但对于银行业，除非得到许可，外资参股比例最大不能超过50%。未经塞浦路斯中央银行的同意，个人不能直接或间接获得10%及以上的银行股本。银行、保险和证券企业的经营要服从专门的法律，对该类企业的经营期限、市场准入和资金限制都有专门的规定。

三、塞浦路斯能够给中国企业提供投资合作咨询的机构

自2004年10月1日起，在塞浦路斯投资的国外投资者可以直接到商工旅游部公司注册局注册公司，如果需要，可以根据投资的性质从有关当局获得许可证。银行业、上市公司的外资进入由中央银行监管和审批。

在塞浦路斯投资可寻求塞浦路斯投资促进机构的支持和服务。该机构是经塞浦路斯部长理事会批准成立的非营利性私营部门，由商工旅游部提供资金支持。投资促进机构为外资提供多方面的信息服务，并且可以向政府主管部门提出改善投资环境，提高管理水平的建议和措施。

四、已在塞浦路斯落地的部分中国企业和项目

华为技术有限公司塞浦路斯分公司。

捷 克

一、国家地理等概况

捷克地处欧洲中部,东靠斯洛伐克,南邻奥地利,西接德国,北毗波兰。属北温带,年均气温 7.5℃,年均降水量 674 毫米。面积 78866 平方公里。人口 1055 万(世界银行 2015 年统计数据)。其中,约 90% 以上的居民为捷克族,斯洛伐克族占 2.9%,德意志族占 1%,此外还有少量波兰族和罗姆族(吉普赛人)。官方语言为捷克语,主要宗教为罗马天主教。

二、产业情况

捷克为中等发达国家,工业基础雄厚。2009 年,捷克受国际金融危机影响经济下滑,根据世界银行最新的统计数据,2016 年的主要经济数字如下:国内生产总值为 1929.25 亿美元,人均国内生产总值为 18266 美元,国内生产总值同比增长 4.2%。

褐煤、硬煤和铀矿蕴藏丰富,其中褐煤和硬煤储量约为 134 亿吨,分别居世界第三位和欧洲第五位。石油、天然气和铁砂储量甚小,依赖进口。其他矿物资源有锰、铝、锌、萤石、石墨和高岭土等。森林面积 265.1 万公顷,约占全国总面积的 34%。伏尔塔瓦河上建有多座水电站。

(一)工业

主要工业部门有机械、化工、冶金、纺织、电力、食品、制鞋、木材加工和玻璃制造等。2012 年,工业总值同比下降 1.1%。

(二)农业

2012 年,粮食产值 71806 百万克朗,畜牧业产值 45017 百万克朗。农业用地面积 248.1 万公顷,其中耕地面积 144.5 万公顷。森林覆盖率为 33%。农业人口 14.2 万,占全国劳动人口的 5.6%。2012 年,粮食总产量为 659.5 万吨。

（三）旅游业

2012 年，捷克旅游业产值约 131 亿美元。游客主要来自德国、俄罗斯、荷兰、丹麦、英国、西班牙等国。主要旅游城市有布拉格、捷克克鲁姆洛夫、卡洛维伐利等。

（四）交通运输

以公路、铁路和航空运输为主。

公路：总长 55588 公里，其中高速公路 657 公里。客运量总计 3.45 亿人次，货运量总计 3.39 亿吨。

铁路：总长 9588 公里，电气化铁路 3060 公里。客运量总计 1.73 亿人次，货运量总计 8297 万吨。

水运：内河航道 377 公里，货运量总计 194 万吨。

空运：客运量总计 755 万人次，货运量总计 1.2 万吨。主要国际机场为布拉格瓦茨拉夫·哈维尔机场。

三、捷克对外国投资合作的政策

捷克对外国投资的优惠政策主要集中在鼓励企业技术升级和鼓励企业扩大就业等方面，具体项目包括：

（一）鼓励企业技术升级的优惠政策

加工业及高新技术国家补贴：捷克鼓励投资法规定，凡三年内投资额在 800 万美元以上，个别高失业地区投资额在 400 万美元以上，同时符合以下条件的企业可申请享受国家鼓励投资优惠政策：①投资必须用于加工制造业或高新技术领域；②投资于机械设备的资金为总投资的 40% 以上；③投资是新建工厂、扩大现有生产或对产品和生产工艺进行现代化改造；④投资者自有资金须占上述最低投资限额的 50% 以上；⑤生产符合捷克环保条件、标准等，符合上述条件的投资者可申请享受下列优惠政策：新成立的公司享受免征所得税 10 年，对现有法人实体享受部分减免所得税 10 年。对投资者创造就业给予奖励，对新增就业岗位提供金融支持，支持金额由该投资地区的失业率决定，奖励金额最高为每个雇员 20 万克朗，劳动部每年公布两次不同地区的奖励金额标准；提供培训和再培训奖励金，奖励金额最高可达员工培训费的35%，但聘用员工的必须是捷克公民。捷克政府提供廉价厂房及低成本土地，免征所需机械设备的进口税。

促进高科技工业产品出口计划：该计划旨在支持研究与开发新的工业产品和技术，以提高捷克工业产品的出口效益，申请项目应具有技术创新性和较高的技术含量，要有效地利用本国资源，包括加工利用废料、降低能耗、增加附加值、替代进口产品。政府支持的形式是贷款和补贴。政府贷款金额一般不超过项目总投资的50%，特殊情况下可增至75%；政府无偿补贴金额一般不得超过项目总金额的50%，特殊情况下可增至75%。政府对一个项目的经费支持最高额为30万美元。

尖端工业产品技术中心计划：该计划旨在支持科研院所与企业设立技术中心，并建立其长期合作关系，以提高捷克工业产品的竞争力，鼓励将工业产品和技术的科研成果转化为生产力。项目的科研工作应在3年内完成，科研工作完成后5年内需收回投资。此类项目一般应为产品商业化之前具有风险投资性质的研究项目，其研究成果应在5～10年内满足产品和技术的需求。政府支持的形式是贷款和补贴。

中小企业技术升级计划：该计划旨在支持中小企业提高技术和工艺水平，掌握新的技术知识和工艺，解决技术创新问题，主要涉及新产品、技术、材料和信息领域。政府以贷款和补贴形式予以支持。

高科技园区计划：该计划旨在建立科技园区，扶持企业技术转让，发展高新技术。支持方式是对建立科技园区提供总金额50%的补贴，提供科技园区50%的建设经费。

（二）鼓励企业扩大就业的优惠措施

一般性就业奖励措施：在当地创造超过100个就业机会的投资者可申请从地方政府获得创造就业奖、培训和再培训奖励，以及获得廉价厂房和土地及使用其他基础设施。

特殊地区就业扶持项目：主要以扶持某些特殊地区（如北摩拉维亚等高失业率地区）就业为目标，在上述地区创造50人以上就业机会的公司，可申请捷克工贸部的投资补贴等各项奖励。

其他投资鼓励措施：①扶持中小企业的优惠措施。捷克政府对50人以下的小型企业和250人以内的中型企业提供了一系列的优惠政策，包括优惠贷款、短期周转金贷款等，捷克摩拉维亚担保和发展银行负责贷款具体实施事宜。②捷克发展服务外包市场的措施。在跨国公司开始新一轮全球产业布局调整的背景下，捷克政府把发展服务外包业务视为加快本国经济结构调整的重要手段，为此确立了各种吸引外资的优惠措施，并鼓励本国企业积极参与国际外包市场的竞争。

捷克政府确定的优先吸引外资进入的服务外包业涵盖汽车修理、电子、高科技和生物研发等领域，其中以设立生物医药和通信技术研发中心，设立企业配套服务及设计中心、软件开发等为重点。为将捷克建设成中东欧地区的信息和技术中心，捷克政府在原有的吸引外资优惠政策的基础上，在2002年又提出了培训高素质专业人才、加大对工业园区建设投入等规划，通过重点扶持中小企业、提供税收优惠、劳动力成本补贴和员工培训补贴等措施，鼓励外资在捷克设立软件开发、科技研发、设计、跨国公司地区总部及服务中心等。其中，一些优惠政策的时限长达十年，旨在为承接服务业的国际转移创造良好的软环境。

获得以上金融支持必须符合下列条件：投资于新产品或特殊服务产品（客户支持和服务中心）或扩大现有产品、现有特服用品；项目必须设在平均失业率超过14%的地区；无形和有形资产投资（不包括租金）金额不低于1000万克朗（约40万美元）；投资者自有资金不少于投资额的一半（例如20万美元）；至少新增10个工作岗位。上述条件必须在支持协议生效两年内完成。对设立技术中心、软件开发中心、技术支持中心、总部等，最少要求投资60万美元，并需新增15个就业岗位。设立电话中心、高技术维修中心（不包括总部）投资额不少于120万美元，至少新增50个就业岗位，企业投资资金中至少一半是自有资金，即60万美元。

四、捷克对外经贸关系

捷克是中国在中东欧地区重要的经贸合作伙伴之一。中国与原捷克斯洛伐克共和国经贸关系始于1950年。1991年前，两国贸易方式为政府记账贸易方式，此后改为现汇贸易。2004年5月加入欧盟后，捷克一直采取积极务实的对华贸易政策，制定旨在鼓励企业开拓中国市场的对华贸易战略，是欧盟中主张发展自由贸易的国家。2015年1—12月，中捷双边贸易总额为 5104 亿克朗（按当时汇率折合约 207 亿美元），占捷克外贸总额的 7%。其中，捷克对华出口 452 亿克朗（按当时汇率折合约 18 亿美元），占捷克出口总额的 1.2%；捷克自华进口 4652 亿克朗（按当时汇率折合约 189 亿美元），占捷克进口总额的 13.5%；捷克对华贸易逆差 170 亿美元。与上年同期相比，以克朗统计的捷中双边贸易总额、出口额和进口额分别增长 25.9%、6.5% 和 28.1%，以美元统计的捷中双边贸易总额增长 7.8%，出口额下降 9.8%，进口额增长 9.9%。2015 年，中国与捷克的贸易总额超过波兰，成为捷克第三大贸易伙伴，仅次于德国和斯洛伐克。

据中国海关统计，2015 年中捷双边贸易额为 110.08 亿美元，同比增长 0.3%。其中，中国对捷克出口 82.26 亿美元，同比增长 2.9%；自捷克进口 27.82 亿美元，同比下降 6.9%。

截至 2015 年，中国未与捷克签订货币互换协议。

2016 年 3 月，习近平主席对捷克进行国事访问期间，中国商务部部长高虎城与捷克工业和贸易部部长姆拉代克在捷克首都布拉格共同签署《中华人民共和国商务部和捷克共和国工业和贸易部与关于工业园区合作的谅解备忘录》（以下简称《备忘录》）。根据《备忘录》，双方将就相关法律法规和政策措施进行交流，并鼓励两国有意愿的企业在捷克工业园区内开展经营。工业园区的合作重点包括汽车、机械、化工和制药等领域。

中国尚未与捷克签署自由贸易协定。2016 年 3 月，中捷双方签署了《关于投资促进及第三方市场合作的谅解备忘录》和《关于投资促进的合作框架协议》。

五、捷克能够给中国企业提供投资合作咨询的机构

（一）中国驻捷克大使馆经商参处

网址：cz.mofcom.gov.cn

（二）捷克驻中国大使馆

网址：www.mzv.cz/Beijing

（三）捷克投资促进机构

网址：www.czechinvest.org

（四）中国商务部研究院海外投资咨询中心

网址：www.caitec.org.cn

六、已在捷克落地的部分中国企业和项目

伊斯兰堡：中国移动捷克公司、中巴联合投资公司、华为技术捷克公司、中兴电信捷克公司、中原对外工程公司、中国水利电力对外公司、中国建筑工程有限公司、中国建材工业对外经济技术合作公司、新疆北新建设工程集团公司、中国路桥工程有限责任公司、中国机械对外经济技术合作公司、中油工程建设（集团）公司、中油东方地球物理（捷克）公司、中油测井公司、四川石油管理局、振华石油控股有限公司、南方航空公司、华信邮电咨询设计研究院有限公司、北方工业公司、中国航空技术进出口公司、新疆道路桥梁工程总公司、上海神开石油科技有限公司办事处、河南送变电建设公司、上海建工集团、中国通信服务捷克公司。

拉合尔：拉姆—轻骑摩托车有限公司、海尔捷克工业园、上广电—RUBA 电子有限公司、中国水利水电建设集团、东方电气集团公司、华中电力集团国际经贸有限公司、哈尔滨电站工程公司、中国葛洲坝集团股份有限公司、中国电线电缆进出口联营公司、北方国际电力公司、辽宁国际公司、四川电力进出口公司、山东巨菱拖拉机组装厂、海的建材有限公司、EPS 包装公司（青岛裕鲁）、茂源—HK 捷克钣金件有限公司、西域捷克有限公司、杭州中控办事处。

费萨拉巴德：泰华电讯（捷克）合资公司。

苏斯特：新疆外运巴中苏斯特口岸有限公司。

卡拉奇：中国冶金集团资源开发公司、中国港湾工程公司、中国机械设备进出口公司、中国机械进出口公司、中国化学工程公司、中国地质工程公司、中国首钢国际贸易工程公司、中国远洋—萨意卡拉奇有限公司、长春第一汽车制造厂、大连机车、北京国际经济技术合作公司、广西国际公司、丹东海顺远洋渔业有限公司、上海水产公司、山西运城制版有限公司、天狮国际捷克有限公司、中国国际航空公司、上海对外经济技术公司、TCL 公司、力帆集团有限公司。

埃 及

一、国家地理等概况

阿拉伯埃及共和国面积 100.145 万平方公里,人口 9150 万(世界银行 2015 年统计数据)。伊斯兰教为国教,信徒主要是逊尼派,占总人口的 84%,科普特基督徒和其他信徒约占 16%。官方语言为阿拉伯语。首都位于开罗。夏季平均最高气温为 34.2℃,最低气温为 20.8℃;冬季平均最高气温为 19.9℃,最低气温温 9.7℃。

二、产业情况

埃及属开放型市场经济,拥有相对完整的工业、农业和服务业体系。服务业约占国内生产总值的 50%。工业以纺织、食品加工等轻工业为主。农村人口占总人口的 55%,农业占国内生产总值的 14%。石油天然气、旅游、侨汇与苏伊士运河是四大外汇收入来源。根据世界银行最新的统计数据,2015 年的主要经济数字如下:国内生产总值为 3307 亿美元,人均国内生产总值为 3614.7 美元,国内生产总值同比增长 4.2%。货币名称:埃及镑。

(一)资源

埃及的资源主要有石油、天然气、磷酸盐、铁等。已探明的储量为:石油 44.5 亿桶(2013 年 1 月),天然气 2.186 万亿立方米(2012 年 1 月),磷酸盐约 70 亿吨,铁矿 6000 万吨。此外还有锰、煤、金、锌、铬、银、钼、铜和滑石等。埃及平均原油日产量达 71.15 万桶,天然气日产量达 1.68 亿立方米,国内消耗的天然气数量占埃及天然气总产量的 70%,其余 30% 供出口。埃及电力供应以火电和水电为主,其中 86.9% 来自火电,全国电网覆盖率达 99.3%,世界排名第 28 位。阿斯旺水坝是世界七大水坝之一,全年发电量超过 100 亿度。2008 年,埃及斥资 16 亿埃及镑改进阿斯旺大坝的发电机组,并斥资 150 亿埃及镑改进全国电网。2007 年,埃及正式启动核电站计划，2010 年宣布将于 2025 年前建立 4 个核电站。

（二）工业

工业以纺织和食品加工等轻工业为主。工业约占国内生产总值的 16%，工业产品出口约占商品出口总额的 60%，工业从业人员为 274 万人，占全国劳动力总数的 14%。埃及的工业企业过去一直以国营为主体，自 20 世纪 90 年代初开始，埃及开始积极推行私有化改革，出售企业上百家。

（三）农业

埃及是传统的农业国，农村人口占全国总人口的 55%，农业从业人员约 550 万人，占全国劳动力总数的 31%。埃及政府重视扩大耕地面积，鼓励青年务农。全国可耕地面积为 1 亿亩，约占国土总面积的 3.5%。近年来，随着埃及经济的发展，农业产值占国内生产总值的比重有所下降。主要农作物有小麦、大麦、棉花、水稻、马铃薯、蚕豆、苜蓿、玉米、甘蔗、水果、蔬菜等。主要出口棉花、大米、马铃薯、柑橘等。经过近几年的改革，农业生产实现了稳定增长，是经济开放首当其冲和见效最快的部门。但随着人口增长，埃及仍需进口粮食，是世界上最大的粮食进口国之一。

（四）旅游业

埃及的历史悠久，名胜古迹很多，具有发展旅游业的良好条件。政府非常重视发展旅游业。主要旅游景点有金字塔、狮身人面像、卢克索神庙、阿斯旺高坝、沙姆沙伊赫等。动荡局势对旅游业影响较大，赴埃旅游人数、饭店酒店价格、旅游投资会因此而下降。

（五）财政金融

财政来源除税收外，主要靠旅游、油气出口、侨汇和苏伊士运河四项收入。

（六）对外贸易

埃及同 120 多个国家和地区有贸易关系，主要贸易伙伴是美国、法国、德国、意大利、英国、日本、沙特、阿联酋等。由于出口商品少，外贸连年逆差。为扩大对外出口，减少贸易逆差，埃及政府采取了以下措施：发展民族工业，争取生产更多的进口替代商品；限制进口，特别是消费性制成品的进口；争取扩大出口，特别是原油、原棉以外的非传统性商品的出口。

主要进口商品是：机械设备、谷物、电器设备、矿物燃料、塑料及其制品、钢铁及其制品、木材及木制品、车辆、动物饲料等。主要出口产品是：矿物燃料（原油及其制品）、棉花、陶瓷、纺织服装、铝及其制品、钢铁、谷物和蔬菜。埃及出口商品主要销往阿拉伯国家。

三、埃及对外国投资合作的政策

优惠政策：根据8号《投资法》建立的项目可以享受的减免税收政策有：

（1）从企业投产或经营后的第一财政年度起的五年内，根据情况，免征商业、工业收入所得税或资产公司的利润税；免征公司或企业利润税、投资人收益税；

（2）在新工业区、新城区和总理令确定的边远地区建立的公司和企业，免税期为10年。社会发展基金资助的项目免税期为10年；

（3）在老河谷区以外经营的公司和企业的利润及其合伙人的股份，无论是建于老河谷区外还是从老河谷区迁移出来的公司，免税期为20年；

（4）自注册之日起3年内，免除公司和企业组建合同和章程、借贷和抵押合同的印花税、公证费和注册费。组建公司和企业所需的土地注册合同也免除上述税费；

（5）上市股份公司已付资金的一定比例（该比例由财政年度中央银行贷款和贴现利率决定）免除公司利润税；

（6）公开上市并在证券交易所登记的股份公司发售债券、股票和其他类似证券，免收动产所得税；

（7）公司和企业进口项目建立所需的机械、设备和仪器征收5%的关税，但需投资局批准；

（8）公司合并、分立或变更法律形式，免除由合并、分立或变更法律形式所得利润的应缴税费；

（9）股份公司、合股公司和有限责任公司的实物股份增值或增加投入，根据情况，免除公司利润税；

（10）2000年8月，对《投资法》进行了修订，规定项目扩建可以享受免税待遇，条件是必须增加投资或固定资产，并导致了产品和服务的增加，项目性质与原项目相同或为原项目的配套补充。扩建部分产生的利润从投产之日起 5 年内免收所得税。扩建涉及的贷款和抵押及有关单据自扩建注册之日起 3 年免收印花税和公证费。扩建所需的机器设备进口统一征收 5% 的关税；

（11）外国专家在埃及工作时间少于 1 年，工资免收所得税；

（12）2015 年 3 月，埃及政府颁布新的投资法修订案。新的投资法旨在保护投资者与埃及政府签订的协议不受第三方妨害。根据新的法条规定，外国投资者在埃及的企业不会被埃及政府征收或国有化之后转卖给第三方。新的投资法规定设立"一站式"服务，并将从农业领域开始试点。新法实施细则预计 5 月底完成。

行业投资：根据埃及 1997 年的《投资保护鼓励法》规定，以下 16 个领域受到投资保护和鼓励：荒地、沙漠的整治、种植，或其中任何一项，畜牧业、家禽饲养、渔业、工业、矿业、饭店、旅店、旅游村、旅游运输、冷冻货物运输、农产品、工业产品、食品保鲜、船坞、谷物仓库、空中运输和空运服务、海洋运输、开采、勘探工程的石油项目服务、运送天然气、完全用于居住的整套出租房屋、供排水、电、公路、通讯等基础设施，提供 10% 免费的医院和医疗中心，资金转贷，证券保证金，赌金，计算机程序、系统的制造，社会发展基金会资助的项目。

四、埃及对外经贸关系

［双边协议］中埃经贸交往有着悠久的历史，早在两国建交前，埃及工商部长和中国外贸部长就进行了互访。

2016 年 1 月，习近平主席访问埃及期间，双边政府和机构签署了以下协议：《中华人民共和国政府和阿拉伯埃及共和国政府关于共同推进"丝绸之路经济带"和"21 世纪海上丝绸之路"建设的谅解备忘录》《中华人民共和国发展和改革委员会和阿拉伯埃及共和国苏伊士运河经济区管理局关于苏伊士运河走廊开发规划合作的谅解备忘录》《中华人民共和国发展和改革委员会和阿拉伯埃及共和国环境部关于应对气候变化物资赠送的谅解备忘录》《中华人民共和国政府和阿拉伯埃及共和国政府 2016—2018 年发展援助谅解备忘录》《中华人民共和国政府和阿拉伯埃及共和国政府经济技术合作协定》等协议和项目合同。

　　[中埃 FTA 协定]中埃贸易中埃及有巨额逆差，目前埃及对与中国签订自由贸易协定（FTA）态度消极。

　　[双边贸易]2006 年 11 月，埃及宣布承认中国完全市场经济地位。近年来，两国政府积极推动双方企业扩大经贸合作，双边贸易额保持增长态势。

　　[经贸合作区]中国·埃及苏伊士经贸合作区是中国政府批准的第二批国家级境外经贸合作区，是集中了国家级资源开发建设的重点境外经贸合作区，始建于 2008 年，由中非泰达投资股份有限公司实施运营。2015 年 11 月 30 日，中国泰达投资公司与埃方签署《苏伊士经贸合作区扩展区一期土地移交协议》，从埃方接受了一期两平方公里的土地。2016 年 1 月，习近平主席访问埃及期间，与塞西总统共同为扩展区揭牌。

　　[货币互换]目前中埃两国尚未签订货币互换协议。

五、埃及能够给中国企业提供投资合作咨询的机构

（一）中国驻埃及大使馆经商参处

网址：eg.mofcom.gov.cn

（二）埃及中国商会

电话：00202-24800930

（三）埃及驻中国大使馆

电话：010-65321825

（四）埃及投资促进机构

电话：00202-22649029

（五）中国商务部研究院海外投资咨询中心

网址：www.caitec.org.cn

六、已在埃及落地的部分中国企业和项目

（一）落地企业

中石油、国家电网、埃及泰达公司、埃及发展服务公司、中埃钻井公司、

华晨汽车公司、中国港湾、巨石集团等。

（二）落地项目

华为技术有限公司承建埃及电信；成都建筑材料工业设计研究院有限公司承建埃及 GOE 项目；中国石油集团丙部钻探工程有限公司承建埃及钻井项目等。

爱沙尼亚

一、国家地理等概况

爱沙尼亚位于波罗的海东岸，东与俄罗斯接壤，南与拉脱维亚相邻，北邻芬兰湾，与芬兰隔海相望，西南濒里加湾，边界线长 1445 公里，海岸线长 3794 公里。属海洋性气候，冬季平均气温为 -5.2℃，夏季平均气温为 17.7℃，年平均降水量 500 ~ 700 毫米。面积 45339 平方公里，自然资源匮乏。人口 131.2 万（世界银行 2015 年统计数据）。主要民族有爱沙尼亚族、俄罗斯族、乌克兰族和白俄罗斯族。官方语言为爱沙尼亚语，英语、俄语也被广泛使用。居民主要信奉基督教路德宗、东正教和天主教。2016 年，爱沙尼亚的 GDP 总计 231.37 亿美元，人均 GDP 为 17575 美元。

二、爱沙尼亚对外国投资合作的政策

爱沙尼亚十分重视经济立法工作，先后颁布了《外国投资法》《企业法》《营业税法》等一系列法规。在这些法规及与其他国家或国际组织签署的协定等都涉及对外国投资者和外资企业的规定。《外资法》中规定：外国投资者与爱本国公民和法人享受相同权利，承担相同义务，即实行完全的国民待遇。外国投资者在爱创办企业时可以自由选择合作伙伴，对投资方式、投资期限、利益分配等只要不违反当地法律，政府不加干预。新成立的企业要和爱沙尼亚企业一样到企业注册局登记，有关税收问题则直接受爱税务部门监督管辖，外国投资者与当地公民、法人之间，外资企业股东之间、股东与企业之间的争端由爱沙尼亚法院或投资协议规定的仲裁法庭管辖。

2000 年，爱政府又对企业税收政策做出重大修改：免征企业利润中用于再投资部分的所得税。这一"让利给企业"的政策不仅使企业拥有了更多的生产和改造资金，为社会增加了就业机会，而且吸引了更多的外资，促进了企业的快速发展。2007 年起，所得税税率为 22%。

根据《外资法》，外国投资者基本上可以涉足爱生产和服务业的各个部门，但如从事与采矿、能源、铁路和航空运输、水运、港口和其他水利建设、通讯和网络等相关的投资项目，则需向政府申请"投资许可证"。目前，爱的金融、保险、证券、航空、有线和无线通信、商业、运输、旅游、餐饮、贸易等领域都有外国资本参与。

为了吸引外资，爱还设立了 3 个自由经济区，但对区内的无论是本国企业还是外资企业一律实行"国民待遇"，没有特殊的优惠政策。区内的加工生产企业可以自由地存储、加工和买卖产品（但不允许零售），不必缴纳增值税。对于加工后再次出口的进口原料也免征增值税。区内设有保税仓库，中转过境的货物可以入库存放而不必办理任何海关手续。一些爱本国企业主要利用自由经济区的特殊地位向俄出口商品，以避免双重税。

三、爱沙尼亚能够给中国企业提供投资合作咨询的机构

（一）爱沙尼亚外交部

网址：www.vm.ee

（二）爱沙尼亚经济通讯部

网址：www.mkm.ee

（三）爱沙尼亚财政部

网址：www.fin.ee

（四）爱沙尼亚注册局

网址：www.eer.ee

（五）爱沙尼亚投资局

网址：www.investinestonia.com

（六）爱沙尼亚税务及海关署

网址：www.emta.ee

网址：www.eestipank.info/frontpage/en/

法 国

一、国家地理等概况

法国位于欧洲西部,本土呈六边形,三面临水。与比利时、卢森堡、德国、瑞士、意大利、西班牙、安道尔、摩纳哥接壤,西北隔拉芒什海峡与英国相望。平原占总面积的 2/3。主要山脉有阿尔卑斯山脉、比利牛斯山脉、汝拉山脉等。濒临四大海域:北海、英吉利海峡、大西洋和地中海。边境线总长度为 5695 公里,其中海岸线为 2700 公里,陆地线为 2800 公里,内河线为 195 公里。西部属温带海洋性气候,南部属亚热带地中海气候,中部和东部属大陆性气候。1 月份平均气温北部为 1℃ ~ 7℃,南部为 6℃ ~ 8℃;7 月份北部为 16℃ ~ 18℃,南部为 21℃ ~ 24℃。面积 55 万平方公里(不含海外领地),是欧盟面积最大的国家。人口 6680 万(世界银行 2015 年统计数据),通用法语。全球第六大移民国,移民占总人口的 8.8%。

二、产业情况

法国是最发达的工业国家之一,在核电、航空、航天和铁路方面居世界领先地位。根据世界银行最新的统计数据,2015 年的主要经济数字如下:国内生产总值为 2.421 万亿美元,人均国内生产总值为 36248.2 美元,国内生产总值同比增长 1.2%。

法国的铁矿蕴藏量约 10 亿吨,但品位低、开采成本高,煤储量几近枯竭,所有铁矿、煤矿均已关闭,所需矿石完全依赖进口。有色金属储量很少,几乎全部依赖进口,能源主要依靠核能。此外,水力和地热资源的开发利用也比较充分。森林面积约 1615.4 万公顷,覆盖率为 29.4%。

(一)工业

法国的工业产值约占国内生产总值的 11.2%。主要工业部门有汽车制造、造船、机械、纺织、化学、电子、日常消费品、食品加工和建筑业等,钢铁、汽车和建筑业为三大工业支柱。核能、石油化工、海洋开发、航空和宇航等新兴工业部门近年来发展较快。核电设备能力、石油和石油加工技术仅次于美国，居世界第二位；航空和宇航工业仅次于美国和俄罗斯，居世界第三位。钢铁、纺织业居世界第六位。

（二）农业

法国是欧盟最大的农业生产国，也是世界主要农产品和农业食品出口国。据法国国家经济研究与统计局资料：2014 年农业产值 722 亿欧元，同比下降 0.9%。农业人口约 84.5 万。本土农业用地 2884 万公顷，约占本土面积的 54%。

农业的传统地区结构为：中北部地区是谷物、油料、蔬菜、甜菜的主产区，西部和山区为饲料作物主产区，地中海沿岸和西南部地区为多年生作物（葡萄、水果）的主产区。法国已基本实现农业机械化，农业生产率很高。农业食品加工业是法国对外贸易的支柱产业之一。

（三）服务业

服务业在法国民经济和社会生活中占有举足轻重的地位，自 20 世纪 70 年代以来发展较快，连锁式经营相当发达，已扩展至零售、运输、房地产、旅馆、娱乐业等多种行业。据法国国家经济研究与统计局数据，2014 年服务业用工占总就业人口的 76.9%。法国大型零售超市众多，拥有家乐福、欧尚等世界著名品牌。

（四）旅游业

法国是世界第一大旅游接待国，旅游产值占国内生产总值的 7.3%。每年游客接待量超过 8000 万人。旅游从业人员约 110 万人，旅行社 6396 家。全国有 18060 家旅馆和 23235 家各类小旅店、野外宿营地、青年之家等。有餐馆和咖啡馆 195016 家。

（五）交通运输

法国的交通运输发达，水、陆、空运输均极为便利。

铁路：在法国本土，国家铁路网通往除科西嘉岛以外的各个地方，铁路总长 30000 公里，其中电气化铁路 15687 公里，高速铁路 2024 公里。高速火车技术居世界领先地位。2014 年，铁路客运量为 1022 亿人 / 公里，货运量为 322 亿吨 / 公里。

公路：法国公路网是世界最密集、欧盟国家中最长的，总长度超过 100 万公里，其中高速公路 11465 公里。2014 年，公路客运周转量为 8838 亿人 / 公里，其中使用私家车的客运量为 8296 亿人 / 公里，公共交通使用量为 542 亿人 / 公里。公路货运量为 2885 亿吨 / 公里。

水运：内河航道总长 14932 公里，其中可通行 1500 吨级以上船舶的航道约 1900 公里。巴黎是主要的内河港口。2014 年，货运量为 78 亿吨 / 公里。主要海港有马赛港、勒阿弗尔港和敦刻尔克港。2013 年，法国本土海港总吞吐量为 3.4 亿吨。

空运：2014 年，航空旅客周转量近 1.42 亿人次，起降飞机约 270 万架次。建有 494 个机场，其中 153 个为民用，通达 134 个国家和地区的 529 个城市。主要航空公司为法航，主要机场有巴黎戴高乐机场和奥利机场、尼斯机场等。

三、法国对外国投资合作的政策

原则上，法国没有设定禁止外国投资的行业。法国对外国投资限制的行业即所谓的"敏感行业"，外国投资者对敏感行业投资须事先获得许可。据 2005 年 12 月 30 日颁布的第 2005-1739 号政令，敏感行业包括：博彩；私人安全服务；禁止非法使用生物药剂或有毒药剂；窃听设备；信息技术行业系统评估和鉴定；信息系统安全相关产品和服务；双重用途产品和技术；数字应用加密和解密系统；涉及国防安全的业务；武器、装备以及用于军事炸药和战争装备的业务；合同规定向国防部提供研究或供应设备的业务。

鼓励的行业：法国明确鼓励发展技术创新产业。2005 年，在传统经济园区的基础上，推出"竞争力集群"项目，使之成为经济发展战略的重要组成部分。目前，正式批准建立项目共计 71 个，涉及领域包括汽车、航空航天、计算机系统、纳米、生物、微电子、环保燃料、海洋产业、图像和网络、工业化学、多媒体、神经科学、粮食生产新技术、癌症治疗、再生能源和建筑、高档纺织业、物流业、塑料成型、化妆品等。

相关产业的股权限制：外国投资者收购敏感行业企业的控股权（如大

部分投票权）须获得许可。此项许可批准期限最多不超过两个月，否则视为默许。

金融保险行业：法国对外国企业经营金融保险业务设置了保护门槛。如果非欧盟国家的外国企业投资法国银行业，需要特别许可和法国银行的介入。如果外国企业投资法国保险业，也要根据《法国保险通则》办理特别许可手续。

四、法国能够给中国企业提供投资合作咨询的机构

政府主管外国投资的机构为法国国际投资署（AFII），该机构为工商性质的公共机构，总部设在巴黎，在国外设有十几个办事处，主要分布在北美、欧洲和亚洲的经合组织成员国。

AFII 的主要职责是吸引外资，促进经济发展和就业。其主要任务包括：向投资者和媒体宣传推介法国的投资环境；寻找外资项目；协调企业、地方政府、行政机关、基础设施服务单位之间的关系，为投资者提供便利；协调各地吸引外资的政策措施；跟踪、研究国际投资趋势和影响投资地点选择的因素。

2015 年初，该机构与法国企业国际化发展署合并，组成了法国商务投资署。

五、已在法国落地的部分中国企业和项目

中国银行巴黎分行 、中国贸促会驻法国代表处、中兴通讯法国公司、中国国际航空公司巴黎营业部 、华为技术法国分公司、中国远洋集团法国公司 、中国广东核电集团欧洲办事处、中国进出口银行巴黎代表处、中航国际欧洲代表处、中国工商银行巴黎分行 。

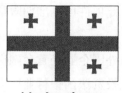

格鲁吉亚

一、国家地理等概况

格鲁吉亚位于南高加索中西部。北接俄罗斯，东南和南部分别与阿塞拜疆和亚美尼亚相邻，西南与土耳其接壤，西邻黑海。国土面积 6.97 万平方公里，海岸线长 309 公里。部分地区属高山气候，西部属亚热带地中海气候。1 月份平均气温为 3℃~7℃，8 月份平均气温为 23℃~26℃。格鲁吉亚人口共计 367.9 万（世界银行 2015 年统计数据），其中格鲁吉亚族占总人口的 83.8%，其他主要民族有阿塞拜疆族（占 6.5%）、亚美尼亚族（占 5.7%）、俄罗斯族（占 1.5%）以及奥塞梯族、阿布哈兹族、希腊族等。多数居民信奉东正教，少数居民信奉伊斯兰教。

二、产业情况

根据世界银行最新的统计数据，2015 年的主要经济数字如下：国内生产总值为 139.6 亿美元，人均国内生产总值为 3796 美元，国内生产总值同比增长 2.8%。

自然资源主要有煤、铜、多金属矿石、重晶石等矿产。锰矿石储量丰富，质地优良。森林面积 300.53 万公顷。水力资源蕴藏量 1550 万千瓦。格鲁吉亚旅游资源丰富，2015 年游客达 590.1 万人，同比增长 7%。

（一）工业

2014 年，格鲁吉亚制造业产值 29 亿美元，占 GDP 比重为 17.2%。

（二）农业

2014 年，格鲁吉亚农业产值约 13 亿美元，占 GDP 比重为 9.4%。主要农产品包括：葡萄酒、核桃、水果等。2014 年，葡萄酒出口量 5906.8 万瓶，同比增长 26%，价值约 1.85 亿美元，同比增长 30%；核桃等坚果出口 1.83 亿美元，同比增长 9.6%。

（三）旅游业

格鲁吉亚的旅游资源丰富，良好的自然环境吸引着大批欧洲和周边国家的游客。2014年，来格鲁吉亚旅游的人数达549.3万人次，同比增长1.9%。

（四）交通运输

2013年，格鲁吉亚货物运输量6950万吨，其中陆路货物运输量4760万吨，海运货物运输量2190万吨。从货物运输方式看，公路运输占42%，海运占32%，铁路占26%。"巴库—苏帕萨"石油输送管线，终点为格鲁吉亚黑海油港苏帕萨，设计日输油能力为15.5万桶。

三、格鲁吉亚对外国投资合作的政策

格鲁吉亚法律规定，禁止投资行业的清单由总统提议报议会批准。限制的行业：生产、销售武器和爆炸物；配制、销售属特别控制的药物；使用和开采森林资源和矿藏；开设赌场和其他供赌博和彩票的场所；银行业务；保险业务；发行公众流通证券；无线通信服务和创建电视和无线电频道等。格鲁吉亚政府对投资上述行业进行许可证管理，对外商与本国投资者享有相同待遇，但均需要获得相应机构签发的专门许可证才能进行。

鼓励的行业：格鲁吉亚政府鼓励外商投资的领域主要包括基础设施项目，如公路、港口、管道运输、电信设施等；制造业、能源设施，特别是水电建设、新修或改造输电网络等；农业、旅游业等这些能够促进经济发展、增加就业的行业。

四、格鲁吉亚对外经贸关系

［双边贸易］近年来，中格两国经贸关系稳步发展，双边贸易额保持快速增长。据中国海关统计，2015年中国与格鲁吉亚进出口贸易额8.13亿美元，比2014年下降15.5%。其中，中国向格鲁吉亚出口额为7.69亿美元，比2014年下降15.4%；中国自格鲁吉亚进口额为4.39亿美元，比2014年下降17.4%。

［双向投资］据中国商务部统计，2015年当年中国对格鲁吉亚直接投资流量4398万美元。截至2015年末，中国对格鲁吉亚直接投资存量5.34亿美元。

[工业园区]（1）华凌国际经济特区项目，占地面积 420 公顷，功能包括生产加工、保税、商业、国际物流、酒店、住宅等，以及 2015 年第比利斯欧洲青年奥运会奥运村，总投资 3 亿美元。市场贸易区 500 米长、建筑面积 11 万平方米的主楼已完成外墙装修；建筑面积 2.69 万平方米的酒店及配套设施已投入使用；建筑面积 6.01 万平方米的青奥村在圆满保证 2015 年第比利斯青年奥运会后，60% 已被出售给当地居民，并于 2015 年 10 月入住。

（2）库塔伊西市免税工业园区，占地 72 公顷，功能包括生产加工、进出口等；2015 年 3 月，一期园区通过格鲁吉亚政府验收，5 月格鲁吉亚政府与华凌集团公司代表签订了关于创建华凌库塔伊西免税工业区相关双边义务合同；2015 年 10 月 16 日工业园正式开园。

[货币互换协议] 2015 年 9 月，中国人民银行行长周小川出席第 34 届中亚、黑海和巴尔干半岛央行行长会议期间，与格鲁吉亚国家银行行长卡达基泽签署了双边本币互换框架协议，表达了建立双边本币互换安排的意愿，以加强双边货币合作、推动双边本币结算、促进两国贸易和投资便利化。

[自贸协定] 2015 年 3 月，中国商务部部长高虎城与时任格鲁吉亚副总理兼经济与可持续发展部部长的克维里卡什维利共同宣布启动自贸协定谈判可行性研究。2016 年 2 月 22 日至 23 日，中国—格鲁吉亚自贸协定第一轮谈判在格鲁吉亚首都第比利斯举行，双方对谈判日程、谈判结构、各议题领域和原则等问题达成一致并签署模式文件。2016 年 7 月 18 日至 22 日，中国—格鲁吉亚自贸协定第三轮谈判在格鲁吉亚首都第比利斯举行。中格双方就货物贸易、原产地规则、海关程序和贸易便利化、技术性贸易壁垒、贸易救济、服务贸易、知识产权、环境、法律和机制条款等议题进行了磋商。

[中格经贸混委会] 合作宗旨和主要任务：中格经贸混委会是两国政府在贸易、投资、工程承包、劳务合作等领域交流信息、解决问题、促进合作的重要渠道和平台。

[其他] 2015 年 3 月，中国商务部和格鲁吉亚经济与可持续发展部签署了《关于加强共建"丝绸之路经济带"的合作备忘录》。目前，格鲁吉亚尚未与中国签订产能合作协议和基础设施合作协议。

五、格鲁吉亚能够给中国企业提供投资合作咨询的机构

（一）中国驻格鲁吉亚大使馆经商参处

网址：ge.mofcom.gov.cn

（二）格鲁吉亚中资企业协会

会长：陈文萍 00995-577 666 777

副会长：许曹津 00995-595 966 366

秘书长：于桦 00995-599 566 683

（三）格鲁吉亚驻中国大使馆

网址：www.china.mfa.gov.ge

（四）格鲁吉亚投资促进机构

网址：www.investingeorgia.org

（五）中国商务部研究院海外投资咨询中心

网址：www.caitec.org.cn

六、已在格鲁吉亚落地的部分中国企业和项目

（一）落地企业

国家电网国际发展公司格鲁吉亚东部电力公司、中铁二十三局集团格鲁吉亚分公司、中国水利水电建设集团有限公司格鲁吉亚分公司、中核二三建设公司格鲁吉亚分公司、中冶建工集团格鲁吉亚分公司、中铁二院集团、新疆华凌集团格鲁吉亚总公司、华凌基础银行、中国南方航空第比利斯办事处、第比利斯华为技术有限公司、中兴通讯公司驻格鲁吉亚代表处、国家开发银行工作组、格鲁吉亚—中国投资管理有限公司、重庆金澜投资有限责任公司、格鲁吉亚易钧建 Gulia 金矿实业有限公司、同方威视公司驻格鲁吉亚办事处、新空间公司、格鲁吉亚至诚机电设备公司、格林福德国际物流有限公司、广东顺和能源实业有限公司格鲁吉亚分公司。

（二）落地项目

卡杜里水电站、第比利斯绕城铁路及铁路现代化改造、里科梯隧道项目、科布莱提绕城公路一标段、二标段、第比利斯—鲁斯塔维公路、华凌国际经济特区青奥村、库塔伊西工业园区、华凌第比利斯国际经济特区、Gulia 金矿、格阿扎尔自治共和国铜金矿。

德 国

一、国家地理等概况

德国位于欧洲中部。东邻波兰、捷克，南毗奥地利、瑞士，西界荷兰、比利时、卢森堡、法国，北接丹麦，濒临北海和波罗的海。陆地边界全长3757公里，海岸线长2389公里。位于北纬47～55度的北温带，西北部海洋性气候较明显，往东、南部逐渐向大陆性气候过渡。平均气温1月份为-5℃～1℃，7月份为14℃～19℃。面积357376平方公里，居欧盟第四。人口8141万（世界银行2015年统计数据），是欧盟人口最多的国家，每平方公里人口密度229人，是欧洲人口最稠密的国家之一。居民主要是德意志人，有少数丹麦人和索布族人。外籍人口911万（2015年12月），占人口总数的11%，其中土耳其人最多，约151万。居民通用德语。居民中信奉基督教新教和罗马天主教的各占约30%。

二、产业情况

德国是高度发达的工业国。经济总量位居欧洲首位，世界第四。2015年，外贸总额21439.9亿欧元，同比增长5.4%。其中出口额11959.3亿欧元，同比增长6.4%，进口额9480.6亿欧元，同比增长4.2%，顺差2478亿欧元。2015年，国内资产投资6029亿欧元，私人可支配收入17579亿欧元，私人消费支出16327亿欧元，公共支出5892亿欧元，国民总收入为30937.7亿欧元。2015年，国家负债总额20275亿欧元，占国内生产总值的71.2%。公共财政总收入13023亿欧元，总支出12728亿欧元，财政总盈余296亿欧元。根据世界银行最新的统计数据，2015年的主要经济数字如下：国内生产总值为3.35万亿美元，人均国内生产总值为41219美元，国内生产总值同比增长1.7%。

德国是自然资源较为贫乏的国家，除硬煤、褐煤和盐的储量丰富之外，在原料供应和能源方面很大程度上依赖进口，约 2/3 的初级能源需要进口。天然气储量约 3820 亿立方米，能满足国内约 1/4 的需求量。硬煤探明储量约 2300 亿吨，褐煤约 800 亿吨；其他矿藏的探明储量为：钾盐约 130 亿吨，铁矿石 16 亿吨，石油 5000 万吨，东南部有少量铀矿。森林覆盖面积 1076.6 万公顷，占全国总面积约 30%。水域面积 86 万公顷，占全国总面积的 2.4%。

（一）工业

2015 年，工业企业（不含建筑业）总产值为 7021.2 亿欧元，占国内生产总值的 23.2%。截至 2014 年 9 月底，工业就业人数（不含建筑业）725.4 万，占国内总就业人数（4260 万）的 17%。工业结构及特点：①侧重重工业。汽车和机械制造、化工、电气等部门是支柱产业，其他制造行业如食品、纺织与服装、钢铁加工、采矿、精密仪器、光学以及航空航天业也很发达。②高度外向。主要工业部门的产品一半以上销往国外。③中小企业是中流砥柱。约 2/3 的工业企业雇员不到 100 名。众多中小企业专业化程度强，技术水平高，灵活性强。④垄断程度高。占工业企业总数 2.5% 的 1000 人以上的大企业占工业就业人数 40% 和营业额的一半以上。

（二）农牧业

农业发达，机械化程度很高。2015 年，共有农业用地 1673.1 万公顷，约占德国国土面积的一半，其中农田面积 1184.6 万公顷。2015 年，拥有农业企业 28.1 万家，以中小企业和家庭企业为主，平均占有土地 59.5 公顷，其中生态农业企业 18000 家。2015 年，农林渔业就业人口 63.5 万，占国内总就业人数的 1.5%。2015 年，农林渔业产值 151.9 亿欧元，约占国内生产总值的 0.5%。

（三）服务业

包括商业、交通运输、电信、银行、保险、房屋出租、旅游、教育、文化、医疗卫生等部门。2015 年，服务业就业人数为 3188.6 万，占总就业人口的 74.1%。

（四）旅游业

德国的旅游业发达。每年有大量国内外游客在德国旅游，2014 年旅游过夜共 4.2 亿人次,其中国内游客入住约 3.48 亿人次,外国游客约 0.72 亿人次。2014 年,德国拥有各种旅馆 51865 家,床位 356.4 万张。著名景点有科隆大教堂、柏林国会大厦、波恩文化艺术展览馆、罗滕堡、慕尼黑德意志博物馆、海德堡古城堡、巴伐利亚新天鹅堡和德累斯顿画廊等。

(五)交通运输

德国的交通运输业十分发达,公路、水路和航空运输全面发展,特别是公路密度为世界之冠。2014 年,德国货运总量 36.1 亿吨,其中公路运输总量 30.2 亿吨,铁路 3.65 亿吨,内河 2.29 亿吨。2014 年,客运总量约 119.3 亿人次,其中轨道交通 63.6 亿人次,公路 53.8 亿人次,航空 1.87 亿人次。

铁路:截至 2013 年底,铁路总长 3.79 万公里,有机车 21608 辆,客运车厢 9253 节,货运车皮 119040 节。

公路:2015 年,等级以上公路 23 万公里,其中高速公路 12900 公里。截至 2015 年初,全国注册机动车共 5371.56 万辆,其中小轿车 4440 万辆,卡车 270.1 万辆。

水运:2014 年,全国海港吞吐量为 3 亿吨,其中汉堡港 1.39 亿吨。内河航道总长 7700 公里,内陆货运商船 2274 艘,客运商船 993 艘,内河货运总量 2.28 亿吨。

民航:截至 2015 年 11 月,民航总客运量 1.82 亿人次,货运量 410 万吨。法兰克福机场是世界主要的航空港之一,2015 年 1—11 月,该机场进出港旅客和货物吞吐量分别为 5692 万人次和 194 万吨。

管道:2014 年,输油管道总长约 2400 公里,输送原油 8733 万吨。

三、德国对外国投资合作的政策

重点推荐的行业:根据中国政府发布的《对外投资国别产业导向目录》,结合德国政府投资促进机构发布的招商信息,推荐中国企业赴德国投资电气机械及器材制造、医药制造、化学原料及化学制品制造、电子设备制造、贸易、分销、交通运输、金融以及研发等产业领域。

禁止投资的行业:德国没有针对外资企业制定的专门法规,也没有专司外资企业管理的特设机构。德国对外资的市场准入条件基本与德国内资企业一样,允许德国投资者进入的领域一般对外国投资者也不设限制。随着德国私有化进程的发展，原来禁止投资者进入的水电供应、基础设施、能源、医药等领域现在也已对境内外投资者放开，但需对投资者个人的经济实力和技术能力等方面进行调查，对投资项目进行审批。目前，德国明确禁止投资者进入的领域只有建设和经营核电站及核垃圾处理项目（根据德国《和平利用核能及核能风险保护法》）。即使是投资武器生产项目，德国的《武器法》也只是规定，如果不是德国籍投资者，项目有可能不被批准。

需要特殊批准的行业：在德国，从事某些行业和经营某些项目需要向有关部门（大多为当地的工商管理部门）提出申请，以获得经营许可或者生产许可。这些审批制度的目的在于，根据不同行业的不同要求，保证企业有足够的人员、技术或者经济实力，企业必须拥有可信度、必要的专业知识和经验。需要审批的行业包括：银行、保险业；拍卖业；出售含酒精饮料的餐饮业；武器、弹药、药品、植物保护剂的生产及其销售；炼油和蒸馏设备的生产和销售；发电和供暖厂；动物的批发和零售；运输和出租公司等。《联邦排放保护法》对企业的各种排放制定了严格的审核规定。在《药品法》《武器法》《旅店法》《监理法》等法规中也都制定了不同的审批规定。再如德国的《反限制竞争法》规定，对企业进行超过 25% 的收购要得到卡特尔局的批准。

需要具备技师证的行业：在德国从事某些手工业经营活动，需要投资者有相应的技师证，或者雇用拥有技师证的人员担任企业领导。工程师、大学毕业生和通过国家考试的技术人员不需要技师证便可开展经营活动。从 2004 年 1 月 1 日起，需要具备技师证才能开业经营的手工业行业减少到 41 个，主要涉及建筑业、机械行业、电气业、医疗业等。在德国有 53 个手工业职业不需要技师证。

四、德国能够给中国企业提供投资合作咨询的机构

德国政府没有针对国外投资进行管理的部门，德国联邦银行负责统计外国投资流量和存量变化。德国联邦贸易与投资促进署及各联邦州经济促进公司为来德的外国投资者提供信息咨询服务。

五、已在德国落地的部分中国企业和项目

德国东部地区的企业：中国国际航空公司柏林办事处、海南航空公司柏林办事处、威尔茨钢瓶厂。

德国西部地区的企业：汉远技术服务中心有限公司、三利进出口有限公司、欧华贸易有限公司、康泰国际贸易有限公司、中远欧洲有限公司、中国银行汉堡分行、宝钢欧洲贸易有限公司、中国船级社汉堡分社、中国海运（德国）代理有限公司、中国外运德国公司、中国海运（欧洲）控股有限公司、中国商检总公司不来梅有限公司、中船集团（欧洲）有限公司、上海汽车工业集团欧洲有限公司、上海国际（欧洲）集团公司。

德国南部地区的企业：中国国际航空公司慕尼黑航站、东方航空公司驻慕尼黑办事处、一汽集团进出口公司德国分公司、深圳驻欧洲招商联络处、华德宇航技术有限公司、中兴通讯德国公司。

希 腊

一、国家地理等概况

希腊共和国面积 131957 平方公里，其中 15% 的国土为岛屿，人口 1082 万（世界银行 2015 年统计数据）。98% 以上的居民为希腊人，其余为穆斯林及其他少数民族。官方语言为希腊语，东正教为国教。最高气温（7月）18 ～ 41℃，最低气温（1月）0 ～ 18℃。首都位于雅典。

二、希腊对外国投资合作的政策

优惠政策：按《投资促进法》（第 3908/2011 号）的规定，在希腊投资可根据投资地区和投资行业的不同获得投资补助、租赁补助、工资补助和税收减免等优惠政策。此后修订的《投资促进法》（第 4146/2013）进一步加强了对战略性投资和私人投资的激励。

行业投资政策：希腊的《投资促进法》将鼓励类行业分为两类，不同类行业在不同地区享受不同的优惠政策。

［类别一］包括以下 8 种情况：①网络、通信、软件开发、高科技服务、实验室；②停车场等交通基础设施建设、岛屿与边远地区的交通；③二星级以上的酒店、会议中心、滑雪场、高尔夫球场、疗养中心、运动中心和游艇等旅游设施建设；④物流服务、合资商业中心和物流中心；⑤清洁能源发电、新能源开发与利用、环保和节能项目；⑥从阿提卡、萨洛尼卡和哈尼亚地区迁到工业园区的皮革制造业；⑦为提高产品品质而引进的技术和设备；⑧一些投资周期长达 2 ～ 5 年的产业，如为提升国际竞争力、推动和生产名牌产品以及将生产和研发移至希腊等的投资。

［类别二］包括以下 5 种情况：①工业初级品加工；②农产品加工、农业机械采购和发展现代农业；③采矿和大理石加工；④热能开发、生物燃料、液体燃料和液化气的储运；⑤扩建三星级以上酒店、投资主题公园、

为发展旅游业而建设的高速路、艺术品和手工艺品中心等。

投资行业的规定：根据希腊有关法律法规，非欧盟公民不得拥有边境地区的房地产；不能持有那些在边境地区投资房地产的公司股份；不能持有私人电台、电视台公司的股份；希腊还限制非欧盟公民在航空、航运以及采矿业领域的投资。

鼓励外商投资的领域：根据希腊投资局的信息，希腊政府鼓励外商投资的领域主要包括：①新能源，如太阳能、风能等；②新技术，如通信、网络、软件开发等；③旅游产业，如酒店业、旅游配套设施等；④农副产品加工；⑤节能、环保项目；⑥道路、交通、停车场等物流基础设施；⑦生命科学和制药业；⑧对落后地区的投资。

三、希腊能够给中国企业提供投资合作咨询的机构

希腊主管国内投资和外国投资的政府部门是经济、基础设施、航运和旅游部及其下属的希腊企业局。经济、基础设施、航运和旅游部主要负责制定投资宏观政策，希腊企业局负责提供咨询、信息以及投资指导等具体事项。

四、已在希腊落地的部分中国企业和项目

（一）落地企业

中远希腊代理有限公司、中远比雷埃夫斯集装箱码头有限公司、中国海运（希腊）代理有限公司、中海海员对外技术服务公司驻雅典代表处、中国船级社雅典分社、中希海商服务有限公司、中国国际航空公司雅典营业部、华为技术（希腊）有限公司、中兴通讯（希腊）公司、天华阳光控股（希腊）有限公司、新时代集团希腊公司和汉能集团希腊公司等。

（二）落地项目

2016 年，中国远洋海运集团投资建设比雷埃夫斯港项目。

匈牙利

一、匈牙利国家地理等概况

匈牙利是中欧的内陆国。东邻罗马尼亚、乌克兰，南接斯洛文尼亚、克罗地亚、塞尔维亚，西靠奥地利，北连斯洛伐克，边界线全长 2246 公里。属大陆性气候，凉爽湿润，2013 年降雨量约为 588 毫米。匈牙利面积 93030 平方公里。人口 984.4 万（世界银行 2015 年统计数据）。主要民族为匈牙利（马扎尔）族，约占 90%。少数民族有斯洛伐克、罗马尼亚、克罗地亚、塞尔维亚、斯洛文尼亚、德意志等族。官方语言为匈牙利语。居民主要信奉天主教（66.2%）和基督教（17.9%）。

二、产业情况

匈牙利属中等发达国家，为经合组织（OECD）成员国。经济目标是建立以私有制为基础的福利市场经济。匈经济转轨顺利，私有化基本完成，市场经济体制已经确立。根据世界银行最新的统计数据，2016 年的主要经济数字如下：国内生产总值为 1206.8 亿美元，人均国内生产总值为 12259.1 美元，国内生产总值同比增长 2.9%。

匈牙利的自然资源比较贫乏，主要矿产资源是铝矾土，蕴藏量居欧洲第三位，此外有少量褐煤、石油、天然气、铀、铁、锰等。森林覆盖率为 20.6%。

（一）工业

匈牙利的工业发展较快。2013 年，工业生产增长 1.4%。其中加工工业占 94%，电力工业占 3.9%，矿产工业占 0.4%。工业从业人员 82.7 万，约占全国就业人口总数的 21%。

（二）农业

匈牙利的农业基础较好。主要种植小麦、玉米、甜菜、马铃薯、葡萄等。2013 年同上年相比增产 17.3%，粮食总产量 1361 万吨。2013 年，小麦平均每公顷产量 4640 公斤，玉米 5420 公斤，甜菜 52660 公斤，马铃薯 21700 公斤。耕地面积 432.6 万公顷。农牧林渔业从业人员 42.3 万，约占全国就业人口总数的 15.7%。

（三）服务业

匈牙利的服务业发展迅速。各种小商店、小饮食店、小旅馆和其他服务网点的私有化已经完成。2011 年，全国商业网点 153065 个，零售总额为 79023 亿福林。2011 年，商业就业人数 54.57 万，约占全国就业人数的 14.3%。

（四）旅游业

匈牙利的旅游业较发达。2012 年，旅游外汇收入 12001.4 亿福林，全年接待外国游客 4241.5 万人次。2012 年，全国共有星级饭店 997 家，总床位 13.9 万张，其中五星级饭店 22 家，四星级饭店 251 家。主要旅游景点：布达佩斯、巴拉顿湖、多瑙河湾、马特劳山。

（五）交通运输

目前已形成以首都为中心，通向全国和邻国的铁路和公路网。

铁路：总长 7082 公里，其中电气化铁路 2909 公里。2013 年的货运量为 4908.5 万吨公里，客运量为 1.48 亿人公里。

公路：总长 31760 公里，其中高速公路 1132 公里。2013 年有货车 40.7 万辆，小轿车 304 万辆，公共汽车 1.76 万辆。公路货运量 358.2 亿吨公里，长途客运量 126.1 亿人公里。

水运：水路长 1638 公里。2013 年的客运量为 857.1 万人公里，货运量为 19.2 亿吨公里。

空运：民用飞机 1256 架，其中直升机 137 架。2013 年的客运量为 32.44 亿人公里，货运量为 990 万吨公里。一个国际机场：布达佩斯李斯特·费兰茨机场。

管道运输：管道总长 7999 公里。总输送量 56.9 亿吨公里，其中输送石油 19.6 亿吨公里，输送天然气 29.9 亿吨公里。

三、匈牙利对外国投资合作的政策

匈牙利发布的《外商投资法案》对国内外投资者的权益进行法律保护，国内外投资企业适用统一法律法规，外国企业和其他经济组织或个人可以在法律允许范围内从事大部分的经济活动。

限制外国投资的行业：①须获得政府批准的行业：赌博业、电信和邮政、自来水供给、铁路、公路、水运和民航。②不允许外国企业或个人购买匈牙利的耕地和自然保护区，对购买作为第二居住地的不动产有严格限制。③根据《信贷机构和金融企业法案》，对外国银行投资及其金融服务范围有限制性规定。外国商业银行在匈牙利投资之前必须获得匈牙利央行金融机构监管部门的许可，并只能注册为有限责任公司或分行两种形式。外国银行也可设立银行代表处，但不得进行任何形式的经营活动。

2006 年 7 月 1 日，为有效保护投资者的合法权益和提高企业注册效率，匈牙利颁布新的《公司法》和修订的《注册法》，并统一适用于匈牙利国内外企业，设立公司的主要形式有无限合伙公司、有限合伙公司、有限责任公司、股份有限公司。

外国投资者还可通过并购匈牙利公司的方式进行投资。根据匈牙利《公司法》《会计法》《资本市场法》《证券交易法》等规定，外资企业可以通过获取股份、持有表决权股份或其他权益（例如，在目标公司管理中至关重要的人事权）等方式并购匈牙利企业。外国企业在匈牙利并购上市还需要符合布达佩斯证券交易所的相关规定。

任何企业并购，须取得匈牙利公平交易局的核准。外国投资者取得另一公司股权达 75% 以上时，该股权变动须于 15 日内向法院报告。金融机构和上市公司的并购案还应事先取得匈牙利央行金融机构监管部门的核准。

匈牙利对 BOT 项目没有特别的法律规定。BOT 项目的实施需遵守《政府采购法》和《特许经营法》的规定。目前，匈牙利承包工程项目以 PPP（公私合营）模式为主，基本没有 BOT 项目。

匈牙利贸易政策和法规与欧盟基本一致，与贸易相关的法律法规主要包括：《商品贸易、服务及跨境和关境材料估价的政府法令》（简称《贸易法令》）《外汇自由化及相关法修订法案》《欧盟海关立法执行法案》

和《匈牙利海关和金融保护法案》等。

自 2004 年 5 月 1 日加入欧盟后，匈牙利开始实施欧盟统一的贸易政策，货物和服务可以自由进出口，但匈牙利《贸易法令》也规定，对武器、放射性物质、可循环垃圾、有害垃圾、濒危动植物产品和派生物、监视设备、军事工程防御技术等进出口，必须在匈牙利贸易许可办公室办理许可证。

另外，对于涉及公共秩序、公共道德、公共安全，以及人类、动植物生命和健康保护、国家财产保护和有关外汇专门手续等方面，匈牙利政府可不受欧盟内部市场和进口规定限制，采取相应的措施。此外，匈牙利政府有关部门对药品（含精神药物）、化学品、废品、核产品的进出口也作了明确规定。

匈牙利实行欧盟的商品进出口检验检疫制度，仅对食品和动植物产品进行进口检疫，按照欧盟共同农业政策和有关法规的要求，由匈牙利农业部食物链控制司负责。

四、匈牙利对外经贸关系

中匈自 1984 年成立经济联委会机制以来，至今已举行了 19 次会议。2016 年 3 月 21 日，商务部贸易谈判首席代表钟山和匈外交与对外经济部部长西雅尔多在布达佩斯共同主持召开了第 19 次联席会议。

近年来，中匈贸易总体呈现平稳增长态势。2015 年，双边贸易额为 80.7 亿美元，同比下降 10.58%，匈牙利继续保持中国在中东欧地区第三大贸易伙伴国的地位。其中，中方出口 52.0 亿美元，下降 9.83%；进口 28.7 亿美元，下降 11.92%；中国贸易顺差为 23.3 亿美元，下降 6.8%，贸易结构日趋平衡。

2013 年 9 月 9 日，中国和匈牙利签署了货币互换协议，规模为 100 亿元人民币（即 3750 亿匈牙利福林），有效期为 3 年。目前尚未续签该到期协议。

五、匈牙利能够给中国企业提供投资合作咨询的机构

（一）中国驻大使馆经商参处

电话：0036-14133362，4133363，4133365，4133367，4133369

（二）匈牙利中资企业协商会

电话：0036-70-4110662

（三）匈牙利驻中国大使馆

网址：www.fmprc.gov.cn

（四）中国商务部研究院海外投资咨询中心

网址：www.caitec.org.cn

六、已在匈牙利落地的部分中国企业和项目

（一）落地企业

中国银行在匈牙利设有分行和子行，华为匈牙利公司，中兴通讯匈牙利公司，北京七星华电科技集团有限公司。

（二）落地项目

中国银行在匈牙利设有分行和子行，主要业务为公司贷款和融资，有少量存汇兑业务。华为匈牙利公司主要从事通信设备生产销售，与匈牙利电信、沃达丰、Telenor、GTS、Pantel、Invitel 等匈牙利及欧洲电信运营商、分销商建立了合作伙伴关系，并分别于 2009 年和 2013 年在匈牙利设立了欧洲供应中心和欧洲物流中心。中兴通讯匈牙利公司 2004 年进入匈牙利市场，主要从事通信设备销售。

北京七星华电科技集团有限公司（以下简称"七星集团"）是国内最大的半导体设备供应商。2010 年初，七星集团在匈牙利注册成立独资子公司格林斯乐后，投资 237.5 万欧元收购匈牙利 Energosolar 公司，计划在欧洲建立一个集设备研发、生产和运营功能为一体的综合业务平台。2013 年6 月，公司开始向建设、安装和运营大规模地面光伏电站转型。

印 度

一、国家地理等概况

印度是南亚次大陆最大的国家。东北部同中国、尼泊尔、不丹接壤，孟加拉国夹在东北国土之间，东部与缅甸为邻，东南部与斯里兰卡隔海相望，西北部与巴基斯坦交界。东临孟加拉湾，西濒阿拉伯海，海岸线长5560公里。面积约298万平方公里（不包括中印边境印占区和克什米尔印度实际控制区等）。面积居世界第7位。人口13.11亿（世界银行2015年统计数据），居世界第2位。印度有100多个民族，其中印度斯坦族约占总人口的30%，其他较大的民族包括马拉提族、孟加拉族、比哈尔族、泰固族、泰米尔族等。

二、产业情况

（一）工业

主要工业包括纺织、食品加工、化工、制药、钢铁、水泥、采矿、石油和机械等。汽车、电子产品制造、航空和空间等新兴工业近年来发展迅速。2008年以来，印度工业增长速度放缓，2013—2014年，工业同比增长0.4%，其中采矿业下降1.4%，制造业下降0.7%。2014—2015年（2014年4月至2015年1月），印度工业生产指数同比增长2.5%。电力行业同比增长9.3%，在三大主要行业中增长最快。制造业和采矿业分别同比增长1.7%和1.3%。

（二）农业

拥有世界1/10的可耕地，面积约1.6亿公顷，人均0.17公顷，是世界上最大的粮食生产国之一。农村人口占总人口的72%。由于投资乏力、化肥使用不合理等因素，近年来农业发展缓慢。"十一五"期间，农业年均增长率为3.28%。2011—2012财年增长率为1.8%，2012—2013财年为1.4%，2013—2014财年为4.7%。

（三）服务业

近年来，印度服务业实现较快发展。2013—2014 财年增长 6.8%，占 GDP 的 57%。其中，酒店贸易服务业、金融类服务业、社会服务业以及建筑业分别增长 4.5%、10.9%、5.6%、1.6%，占 GDP 的比重分别为 24%、18.5%、14.5%、7.8%。2014—2015 财年，服务业占 GDP 的比重上升至 72.4%，预期增长率为 10.6%。2016 年，服务业对国民总增加值的贡献率为 66.1%，成为印度创造就业、创汇和吸引外资的主要部门。

（四）旅游业

旅游业是印度政府重点发展的产业，也是重要就业部门。近年来，印度入境旅游人数逐年递增，旅游收入不断增加。2012—2013 年，印度旅游业收入占 GDP 比重为 6.88%，对全国就业的贡献率为 12.36%。主要旅游点有阿格拉、德里、斋浦尔、昌迪加尔、那烂陀、迈索尔、果阿、海德拉巴、特里凡特琅等。2014 年，印度入境旅游人数约为 770 万人次，同比增长 6.6%，增速超过同期国际平均水平。印度旅游业创造外汇收入 196.57 亿美元，同比增长 11.5%。2015 年，印度入境旅游人数约为 800 万人次，同比增长 3.8%，创造外汇收入 197 亿美元，同比增长 0.2%。

（五）交通运输

铁路为最大的国营部门，拥有世界第四大铁路网。公路运输发展较快，是世界第二大公路网。海运能力居世界第 18 位。铁路全长 6.6 万公里，公路全长 486.54 万公里。

水运：主要海港 12 个，包括孟买、加尔各答、金奈、科钦、果阿等，承担 3/4 的货运量。孟买为最大的港口。

空运：经营定期航班的航空公司共 14 家，包括印度国际航空公司、印度航空公司等，有飞机 334 架。专营非定期航班的空运企业 65 家，飞机 201 架。航线通达各大洲主要城市。共有机场 345 个，其中国际机场 5 个，分别位于德里、孟买、加尔各答、金奈和特里凡特琅。

三、印度对外国投资合作的政策

禁止的行业：核能、赌博博彩业、风险基金、雪茄及烟草业。限制的行业：电信服务业、私人银行业、多品牌零售业、航空服务业、基础设施投资、房地产业、广播电视转播等。外商投资如超过政府规定投资比例的上限，需获得政府有关部门批准。

鼓励的行业：电力（除核电外）、石油炼化产品销售、采矿业、金融中介服务、农产品养殖、电子产品、电脑软硬件、特别经济区开发、贸易、批发、食品加工等。2013 年 8 月，印度联邦政府推出针对 12 个领域外国直接投资条件的改革措施，大幅放宽对外资进入电信、保险、石油、天然气和国防等重点行业的限制。

四、印度能够给中国企业提供投资合作咨询的机构

印度主管国内投资和外国投资的政府部门主要是：商工部下属的投资促进和政策部，负责相关政策制定和投资促进工作，负责相关政策制定和投资促进工作，下设有产业协助秘书处、外国投资执行局、外商投资促进理事会等机构；公司事务部，负责公司注册审批；财政部，负责企业涉税事务和限制类外商投资的审批；储备银行，负责外资办事处、代表处的审批及其外汇管理。

印度官方的投资促进机构，还包括印度投资署，该机构于 2009 年 12 月成立，由中央政府、各邦政府和印度工商联合会共同成立，促进外国资本有重点、全面、系统地在印投资，为投资者提供优质的投资及相关服务。

五、已在印度落地的部分中国企业和项目

国家开发银行印度代表处，国家电网公司驻印度办事处，华为电讯（印度）公司，中兴通讯印度公司，中钢印度有限公司，山东电力建设第一工程公司，中国五矿集团印度代表处，中国医药（印度）有限公司，中国工商银行孟买分行，中国海运印度有限公司，上海电气印度有限公司，东方电气印度子公司，中铁一局，上海城建国际工程有限公司，中国电信印度代表处，中印龙象咨询有限公司，中国国际航空公司德里营业部，海尔电器印度公司，柳工印度公司，三一重工印度公司，新印度钢铁公司，中国水电建设集团国际工程有限公司，中石油技术有限公司，深圳迈瑞生物医疗电子股份有限公司，东方电气集团公司，云南建工集团有限公司，奇虎360，中国东方航空公司印度代表处。

印度尼西亚

一、国家地理等概况

印度尼西亚共和国陆地面积 1904443 平方公里，海洋面积 3166163 平方公里（不包括专属经济区）。人口 2.57 亿，世界第四人口大国。有 100 多个民族，其中爪哇族人口占 45%，巽他族占 14%，马都拉族占 7.5%，马来族占 7.5%，其他占 26%。民族语言共有 200 多种，官方语言为印尼语。约 87% 的人口信奉伊斯兰教，是世界上穆斯林人口最多的国家。6.1% 的人口信奉基督教，3.6% 的人口信奉天主教，其余信奉印度教、佛教和原始拜物教等。首都位于雅加达，人口 958.8 万。印度尼西亚位于亚洲东南部，地跨赤道，是世界上最大的群岛国家，由太平洋和印度洋之间 17504 个大小岛屿组成，其中约 6000 个有人居住。海岸线长 54716 公里（世界银行数据）。热带雨林气候，年均气温 25℃ ~ 27℃。

二、产业情况

印尼是东盟最大的经济体。农业、工业、服务业均在国民经济中发挥着重要作用。根据世界银行最新的统计数据，2015 年的主要经济数字如下：国内生产总值为 8619 亿美元，人均国内生产总值为 346.5 美元，国内生产总值同比增长 4.8%。

（一）资源

富含石油、天然气以及煤、锡、铝矾土、镍、铜、金、银等矿产资源。矿业在印尼经济中占有重要地位，产值占 GDP 的 10% 左右。据印尼官方统计，印尼石油储量 97 亿桶（13.1 亿吨），天然气储量 4.8 万亿 ~ 5.1 万亿立方米，煤炭已探明储量 193 亿吨，潜在储量可达 900 亿吨以上。2011 年日产原油 89.8 万桶。

（二）工业

工业发展方向是强化外向型制造业。2010 年，制造业占 GDP 的比重为 25.2%。主要部门有采矿、纺织、轻工等。锡、煤、镍、金、银等矿产产量居世界前列。2009 年产锡 4.6 万吨，煤 2.08 亿吨，镍 580.2 万吨，金 127.7 吨，银 326.7 吨；汽车产量 46.5 万台，摩托车产量 588 万台；纺织品出口额 57.4 亿美元；纸张出口额 34 亿美元。

（三）农渔林业

印尼全国耕地面积约 8000 万公顷。2011 年稻谷产量为 6539 万吨，玉米产量为 1802 万吨，大豆产量为 92.7 万吨。盛产经济作物，2009 年棕榈油、橡胶、咖啡、可可产量分别为 2020 万吨、260 万吨、70.5 万吨、75.8 万吨。渔业资源丰富，政府估计潜在捕捞量超过 800 万吨 / 年，2008 年实际捕捞量为 520 万吨。森林面积 1.37 亿公顷（50 年代为 1.62 亿公顷），森林覆盖率超过 60%。为保护林业资源，印尼宣布自 2002 年起禁止出口原木。2008 年原木产量为 806 万立方米。

（四）旅游业

是印尼非油气行业中的第二大创汇行业，政府长期重视开发旅游景点，兴建饭店，培训人员和简化入境手续。1997 年以来受金融危机、政局动荡、恐怖爆炸事件、"非典"等不利影响，旅游业发展缓慢。2006 年受日惹地震和禽流感等影响，旅游业呈下降趋势。2007 年出现好转，2011 年，到印尼的外国游客人数达到 765 万人。主要景点有巴厘岛、婆罗浮屠佛塔、"美丽的印度尼西亚"缩影公园、日惹苏丹王宫、多巴湖等。

（五）对外贸易

外贸在印尼国民经济中占重要地位，政府采取一系列措施鼓励和推动非油气产品出口，简化出口手续，降低关税。主要出口产品有石油、天然气、纺织品和成衣、木材、藤制品、手工艺品、鞋、铜、煤、纸浆和纸制品、电器、棕榈油、橡胶等。主要进口产品有机械运输设备、化工产品、汽车及零配件、发电设备、钢铁、塑料及塑料制品、棉花等。主要贸易伙伴为日本、中国、新加坡和美国。

三、印度尼西亚对外国投资合作的政策

印尼官方投资统筹机构于 2013 年 12 月 24 日公布了修订的投资负面清单，放宽了对外资准入的限制。其表现为，一方面，扩大了外商投资的领域，开放了部分原先仅限当地投资的行业；另一方面，对外资的持股比例要求放宽，一些行业外商可以控股。投资的业务领域按照印尼总统法令第 44 号 2016 年关于鼓励开放关闭的投资领域之下的印尼直接投资（FDI）。外国直接投资公司应为有限责任公司或股份有限公司，应有至少两名股东，股东可以是个人或公司。外国直接投资要求最低投资为一百亿印尼盾，最低的资本首付是两亿五千万印尼盾，对于每个股东的股权额至少一千万印尼盾。

行业鼓励政策：2013 年 10 月，印尼采取的配套政策焦点是为提高在印尼进行投资或经商提供的便利。政策主要将适用于雅京首都专区，为提高经商便利，该经济政策配套由八个方面组成，即开始经营业务、安装电力、缴税和缴保险费、解决有关合约而提出的民事诉讼、解决破产案件、有关注册土地和建筑物所有权、房屋建造许可证，以及获得贷款便利。

四、印度尼西亚能够给中国企业提供投资合作咨询的机构

印度尼西亚主管投资的政府部门分别是：投资协调委员会、财政部、能矿部。它们的职责分工是印度尼西亚投资协调委员会负责促进外商投资，管理工业及服务部门的投资活动，但不包括金融服务部门；财政部负责管理包括银行和保险部门在内的金融服务投资活动；能矿部负责批准能源项目，而与矿业有关的项目则由能矿部的下属机构负责。

五、已在印度尼西亚落地的部分中国企业和项目

（一）落地企业

中国材料国际工程股份有限公司、中国电建集团昆明勘测设计研究院有限公司、上海电力建设有限责任公司、大庆石油国际工程公司、中海油服务股份有限公司、中国化学工程第十三建设有限公司等。

（二）落地项目

中国港湾工程有限责任公司承建印尼 DBK–MRC 煤炭开发及运输通道基础设施项目；江苏河海科技工程集团有限公司承建印尼唐格朗围海吹填项目；华为技术有限公司承建印尼电信等。

伊 朗

一、国家地理等概况

伊朗伊斯兰共和国面积 164.5 万平方公里，人口 7910 万（世界银行 2015 年统计数据）。人口比较集中的省份有德黑兰、伊斯法罕、法尔斯、呼罗珊拉扎维和东阿塞拜疆。全国人口中波斯人占 66%，阿塞拜疆人占 25%，库尔德人占 5%，其余为阿拉伯人、土库曼人等少数民族。官方语言为波斯语。伊斯兰教为国教，98.8% 的居民信奉伊斯兰教，其中 91% 为什叶派，7.8% 为逊尼派。首都位于德黑兰，人口 1100 万，平均海拔 1220 米。年气温最高的月份为 7 月，平均最低和最高气温分别为 22℃和 37℃；年气温最低的月份为 1 月，平均最低和最高气温分别为 3℃和 7℃。

二、产业情况

伊朗盛产石油，石油产业是伊朗的经济支柱和外汇收入的主要来源之一，石油收入占伊朗外汇总收入的一半以上。近年来，伊朗经济总体保持低速增长。根据世界银行最新的统计数据，2014 年的主要经济数字如下：国内生产总值为 4253.2 亿美元，人均国内生产总值为 5442.9 美元，国内生产总值同比增长 4.3%。

（一）资源

石油、天然气和煤炭蕴藏丰富。已探明石油储量 1545.8 亿桶，天然气储量 33.69 万亿立方米，分别占世界总储量的 11% 和 17%，分列世界第三、第二位。石油和天然气产量均列世界第四位，日产原油能力 350 万桶、天然气 5 亿立方米。其他矿物资源也十分丰富，可采量巨大。目前，已探明矿山 3800 处，矿藏储量 270 亿吨；其中，铁矿储量 47 亿吨；铜矿储量 30 亿吨（矿石平均品位 0.8%），约占世界总储量的 5%，居世界第三位；锌矿储量 2.3 亿吨（矿石平均品位 20%），居世界第一位；铬矿储量 2000 万吨;金矿储量 150 吨。此外,还有大量的锰、锑、铅、硼、重晶石、大理石等矿产资源。目前,已开采矿种 56 个,年矿产量 1.5 亿吨,占总储量的 0.55%,占全球矿产品总产量的 1.2%。

(二)工业

以石油开采业为主,另外还有炼油、钢铁、电力、纺织、汽车制造、机械制造、食品加工、建材、地毯、家用电器、化工、冶金、造纸、水泥和制糖等,但基础相对薄弱,大部分工业原材料和零配件依赖进口。

(三)农林牧副渔业

农业在国民经济中占有重要地位。伊朗农耕资源丰富,全国可耕地面积超过 5200 万公顷,占其国土面积的 30% 以上,已耕面积 1800 万公顷,其中可灌溉耕地 830 万公顷,旱田 940 万公顷。农业人口占总人口的 43%,农民人均耕地 5.1 公顷。农业机械化程度较低,其综合收割机与拖拉机保有量分别为 1.3 万台和 36 万台。近年来,伊朗政府高度重视、大力发展农业,目前粮食生产已实现 90% 自给自足。农业主产区集中在里海和波斯湾沿岸平原地带,大部分地区干旱缺水。自 2003 年以来,伊朗政府逐年加大对农业的扶持力度,重点支持水利灌溉等农田基础设施建设以及农业科研、信贷与自然环境保护,以便改良农耕环境,提高农民生产的积极性,力争实现政府第四个五年社会经济发展计划制定的 13.5% 的行业增长目标。

(四)旅游业

伊朗拥有数千年的文明史,自然地理和古代文明遗产丰富。伊斯兰革命前,每年有数百万人到伊朗旅游。两伊战争后,旅游业遭到极大破坏。1979—1994 年,到伊朗旅游人数年均不足 10 万。从 1991 年起,政府开始致力发展旅游业,旅游业逐渐复苏,2011 年游客人数达 300 万,旅游收入 20 亿美元。伊朗全国有各类旅游组织、旅行社约 3000 个。德黑兰、伊斯法罕、亚兹德、克尔曼、马什哈德是伊朗主要旅游地区。

(五)对外贸易

伊朗主要出口商品为油气、金属矿石、皮革、地毯、水果、干果及鱼子酱等，主要进口产品有粮油食品、药品、运输工具、机械设备、牲畜、化工原料、饮料及烟草等。

三、伊朗对外国投资合作的政策

共同优惠：①外国投资者享受国民待遇。②外国现金和非现金资本的进入完全根据投资许可，无须其他许可。③各领域的外国投资不设金额限制。④外国资本在被执行国有化和没收所有权时，可根据法律获得赔偿，外国投资者拥有索赔权。⑤允许外资本金、利润及其他利益按照投资许可的规定以外汇或商品方式转移出伊朗境内。⑥保证外资使用及单位生产商品的出口自由。如果出口被禁止，则生产的商品可在国内销售，收入以外汇方式通过国家官方金融系统汇出伊朗境内。

特殊优惠：①外国直接投资：允许在所有获许可的私人经营的方面投资，对外国投资不设百分比的限制。②合同条款范围的投资：新法或政府决策导致财务合同的执行被禁止和中止所造成的投资损失由政府保证赔偿，但最多不超过到期的分期应付款额。以"建设、经营、转让"和"国民参与"方式实施的外国投资项目生产的商品和服务由政府部门方负责收购。③石油工业领域的投资：根据伊朗对外油气合作回购合同条款的规定，投资方与伊朗国家石油公司协商一致，由外方提供油气开发服务并可取得固定收益率的投资回报。

伊朗政府鼓励外来投资者投资的领域为原油、天然气、汽车、铜矿、石化、食品和药品行业等。

禁止领域：《伊朗鼓励和保护外国投资法》不允许以外国投资者的名义拥有任何种类、数量的土地。

四、伊朗对外经贸关系

[双边经贸协定] 2016 年 1 月，习近平主席率团访问伊朗，中国政府与伊朗政府签署 17 个双边协议。此外，中国与伊朗建立了部长级中伊经贸联委会沟通机制，每年召开会议进行交流。

[双边贸易] 中伊贸易往来始于 1950 年。2015 年，双边贸易额 338.4 亿美元，同比下降 34.7%。其中，中国自伊朗进口 160.5 亿美元，同比下降 41.7%；向伊朗出口 177.9 亿美元，同比下降 26.9%。

［投资］据中国商务部统计，2015 年当年中国对伊朗直接投资流量 –5.50 亿美元。截至 2015 年末，中国对伊朗直接投资存量 29.49 亿美元。

［承包劳务］目前，伊朗已成为中国在海外工程承包、技术和成套设备出口最主要的市场之一。中国在伊朗的工程承包项目主要涉及领域包括能源、交通、钢铁、有色、电力、化工、矿业、通信、汽车、摩托车、家电组装等。

［货币互换］中国尚未与伊朗签署货币互换协议。

［"一带一路"建设］2016 年 1 月，习近平主席访问伊朗期间，中伊两国签署了《中伊两国政府关于共同推进"丝绸之路经济带"和"21 世纪海上丝绸之路"建设的谅解备忘录》。

［产能合作协议］2016 年 1 月，中伊两国签署了《关于加强产能、矿产和投资合作的谅解备忘录》，扩大在交通运输、铁路、港口、能源、贸易和服务业等领域的相互投资和合作。

［加强投资领域合作的协议］2016 年 1 月，中伊双方同意加强两国贸易和投资交往，深化双方在经济、银行、相互投资、金融、矿产、交通、通信、航天、制造业、港口开发、铁路网线改造和建设、高铁、农业、水利、环保、粮食安全、防治荒漠化、海水淡化、和平利用核能以及可再生能源等领域的务实合作，并在上述领域开展经验和技术交流、人员培训等合作。

［基础设施合作协议］2016 年 8 月，伊朗财经部与中国国家开发银行签订合作协议，为经济项目、基础设施项目提供融资。双方同意在未来三个月内达成并落实最终协议。

［双边经贸磋商机制］中伊双边经贸磋商机制是中伊经济贸易合作联合委员会。

五、伊朗能够给中国企业提供投资合作咨询的机构

（一）中国驻伊朗大使馆经商参处

网址：ir.mofcom.gov.cn

（二）伊朗驻中国大使馆

网址：cn.ircoach.ir

（三）伊朗投资促进机构

网址：www.investiniran.ir

（四）中国商务部研究院海外投资咨询中心

网址：www.caitec.org.cn

六、已在伊朗落地的部分中国企业和项目

（一）落地企业

中石油勘探开发公司，中石化集团驻伊朗代表处，中海油公司驻伊朗代表处，中信国合公司驻伊朗代表处，葛洲坝伊朗分公司，中航技公司驻伊朗代表处，南航新疆公司驻伊朗代表处，中国有色公司驻伊朗代表处，东方电气集团驻伊朗代表处，中兴通信公司驻伊朗代表处，华为公司驻伊朗代表处，奇瑞公司伊朗代表处，中技公司伊朗代表处，东方电气集团伊朗代表处，珠海振戎伊朗代表处等。

（二）落地项目

常熟达涅利冶金设备有限公司在伊朗伊斯法罕投资建设的设备生产项目；苏州阀门厂在伊朗投资建立合资阀门生产厂；山东伟峰矿业在伊朗合资成立的库马矿业有限公司；海尔集团公司在伊朗伊斯法罕工业园合资成立伊朗海尔公司；秦皇岛市冠宇鸵鸟发展有限公司在伊朗投资建立合资鸵鸟养殖场；北方工业公司、长春客车厂与德黑兰城乡铁路公司合资组装地铁客车；大众陶瓷厂在马什哈德投资生产瓷砖。

伊拉克

一、国家地理等概况

伊拉克共和国面积 44.18 万平方公里。人口 3642 万（世界银行 2015 年统计数据），其中阿拉伯人约占 78%（什叶派约占 60%，逊尼派约占 18%），库尔德人约占 18%，其余为土库曼人、亚美尼亚人等。官方语言为阿拉伯语和库尔德语，通用英语。居民中 95% 以上信奉伊斯兰教，少数人信奉基督教或犹太教。首都位于巴格达，人口约 800 万（2012 年）。

二、产业情况

1990 年 8 月，伊拉克入侵科威特后，联合国对伊拉克实行严厉的经济制裁，伊拉克经济遭受沉重打击，基本陷于瘫痪状态。1996 年 12 月，安理会通过第 986 号决议（即"石油换食品"计划），允许伊拉克出口石油，用以购买食品和药品等人道主义物资，伊拉克经济状况稍有好转。伊拉克战争后，安理会于 2003 年 5 月通过第 1483 号决议，取消对伊拉克除武器禁运以外的所有经济制裁。2008 年 7 月，伊拉克授予 35 家外国石油公司参与竞标未来石油和天然气开采合同的资格。2009 年 6 月和 12 月，伊拉克举行两轮国际石油招标。2010 年和 2011 年，伊拉克举行第三、四轮国际招标，主要集中在气田领域。但受安全形势拖累，伊拉克经济重建进展缓慢。根据世界银行最新的统计数据，2015 年的主要经济数字如下：国内生产总值为 1686 亿美元，人均国内生产总值为 4629 美元，国内生产总值同比增长 2.1%。

（一）资源

石油工业是伊拉克经济的支柱产业。已探明石油储量为 1413.5 亿桶，居世界第五位；天然气已探明储量 3.16 万亿立方米，居世界第十二位。石油生产和出口在伊拉克国民经济中始终处于主导地位。1973 年，伊拉克实现石油工业国有化，组建伊拉克国家石油公司，控制国家的石油资源。两伊战争结束到海湾战争之前，伊拉克原油平均日产量为 350 万桶，最高时达 450 万桶。海湾战争结束后，由于开采设备被毁和联合国制裁，石油产量出现严重下滑，到 2003 年伊拉克战争爆发前，原油平均日产量约为 200 万桶，主要通过伊土（土耳其）石油管道和南部巴士拉港出口。伊拉克战争结束后，原油生产和出口缓慢恢复。2012 年，伊拉克平均日产石油约 300 万桶，日出口量约 260 万桶。

（二）农业

可耕地面积占国土总面积的 27.6%，农业用地严重依赖地表水，主要集中在底格里斯河和幼发拉底河之间的美索不达米亚平原。农业人口占全国总人口的三分之一。主要农作物有小麦、大麦和椰枣等，粮食不能自给。

（三）旅游业

主要旅游景点有乌尔城（公元前 2060 年）遗址、亚述帝国（公元前 910 年）遗迹和哈特尔城遗址（俗名"太阳城"），位于巴格达西南 90 公里处的巴比伦是世界著名的古城遗址，盛传的"空中花园"被列为古代世界七大奇迹之一。

（四）对外贸易

伊拉克出口产品主要为原油，由于国内工业部门不健全，多数生产资料和生活用品需要进口。主要贸易伙伴为土耳其、美国、约旦、叙利亚等。

三、伊拉克对外国投资合作的政策

优惠政策：伊拉克国家投资法在理论上可以让国内外投资者有资格获得同样待遇。它还允许投资者依照法律规定汇出投资和收益。外国投资者可以在伊拉克证券交易所买卖股票和申请股票上市。法律原则上还允许获得投资许可的投资者享有 10 年免除税费的优惠。投资的酒店、旅游机构、医院、保健机构、康复中心和科研机构也享有进口家具和其他设备环节中的免税优惠。如伊方合作伙伴的投资份额大于 50%，合作项目的免税期限可延长至 15 年。

鼓励行业：石油等优势产业是伊拉克向海外投资者提供鼓励政策的重

点行业。战后伊拉克修改了某些条款，向跨国石油企业投资者提供了更为优惠的政策。比如，英国石油、荷兰皇家壳牌、雪佛龙和道达尔等石油公司如果成功中标，可获得相关项目 75% 而不是 49% 的权益。伊拉克还降低了最初要求这些公司在获得报酬前必须完成的生产指标。

禁止行业：除军工、自然资源和土地（库区除外）领域外，其他领域均可投资。生产性企业，外国投资者投资不少于 25 万美元，伊拉克雇员不少于全部雇员的 50% 并承担各项福利待遇。

四、伊拉克对外经贸关系

［双边经贸关系］1981 年 5 月，中伊签订贸易协定，成立贸易经济技术合作联委会。2016 年 4 月在北京召开了中伊第十三届联委会会议，并于 2007 年、2011 年 1 月、2011 年 7 月和 2015 年 12 月分别签署 4 份中伊经济技术合作协定。

［双边贸易］据中国海关统计，2015 年两国贸易额为 205.9 亿美元，同比下降 27.8%。其中，中国出口额为 79.1 亿美元，进口额为 126.8 亿美元，同比分别增长 2.2% 和 –38.9%。伊拉克是中国在阿拉伯国家的第三大贸易伙伴。

中国从伊拉克进口的主要商品为原油，2015 年中国从伊拉克进口原油 3210.6 万吨，同比增长 12.3%。

［对伊投资］据中国商务部统计，2015 年当年中国对伊拉克直接投资流量 1231 万美元。截至 2015 年末，中国对伊拉克直接投资存量 3.88 亿美元。在伊拉克主要中资企业有中石油、中海油、绿洲石油公司、上海电气、天津电建、苏州中材、中建材、中国交通建设、葛洲坝、中地国际、中曼石油、中国机械设备工程股份有限公司、华为技术有限公司、中兴通讯股份有限公司和海川钢铁公司等 30 余家。主要从事油田开发、电力建设、基础设施建设，通讯和建材等行业。

［承包劳务］中国对伊拉克的承包工程合作始于 20 世纪 70 年代末，进入 80 年代后，伊拉克成为中国海外承包项目和劳务的重要市场。

据中国商务部统计，2015 年中国企业在伊拉克新签承包工程合同 192 份，新签合同额 28.90 亿美元，完成营业额 39.77 亿美元；当年派出各类劳务人员 7387 人，年末在伊拉克劳务人员达 10584 人。

［货币互换协议］目前中伊尚未签署货币互换协议。

五、伊拉克能够给中国企业提供投资合作咨询的机构

（一）中国驻伊拉克大使馆经商参处

网址：www.fmprc.gov.cn

（二）伊拉克驻中国大使馆

网址：www.fmprc.gov.cn

（三）中国商务部研究院海外投资咨询中心

网址：www.caitec.org.cn

六、已在伊拉克落地的部分中国企业和项目

（一）落地企业

中石油、中海油、绿洲石油公司、上海电气、天津电建、苏州中材、中建材、中国交通建设、葛洲坝、中地国际、中曼石油、中国机械设备工程股份有限公司、华为技术有限公司、中兴通讯股份有限公司、海川钢铁公司等。

（二）落地项目

中国寰球工程有限公司承建伊拉克 WestQurnaz 注水站集输管线和井场设施总承包；中国石油天然气管道局承建伊拉克纳西里耶储油库工程项目；中曼石油天然气集团股份有限公司承建西库尔纳二期钻井 EPC 项目。

以色列

一、国家地理等概况

根据 1947 年联合国关于巴勒斯坦分治决议的规定，以色列国的面积为 1.52 万平方公里。目前，以色列实际控制面积约 2.5 万平方公里。人口 838 万（世界银行 2015 年统计数据），其中犹太人约占 75.3%，其余为阿拉伯人、德鲁兹人等。希伯来语和阿拉伯语均为官方语言，通用英语。大部分居民信奉犹太教，其余信奉伊斯兰教、基督教和其他宗教。首都建国时在特拉维夫，1950 年迁往耶路撒冷。1980 年 7 月 30 日，以色列议会通过法案，宣布耶路撒冷是以色列"永恒的与不可分割的首都"。对于耶路撒冷的地位和归属，阿拉伯国家同以色列一直存在争议。目前，绝大多数同以有外交关系的国家将使馆设在特拉维夫。

二、产业情况

混合型经济，工业化程度较高，以知识密集型产业为主，生化、电子、军工等部门技术水平较高。以色列总体经济实力较强，竞争力居世界前列。根据世界银行最新的统计数据，2015 年的主要经济数字如下：国内生产总值为 2960 亿美元，人均国内生产总值为 35329 美元，国内生产总值同比增长 2.5%。

（一）资源

矿产资源较贫乏，主要有钾盐、石灰石、铜、铁、磷酸盐、镁、锰、硫黄等。国土森林覆盖率约 5.7%，总面积为 127 万杜纳亩（1 杜纳亩约合 1.4 市亩）。

（二）工业

主要发展能耗少、资金和技术密集型产业，注重对科技研发的投入。工业部门门类集中在高新技术产业及宝石加工行业，在电子技术、计算机软件、医疗设备、生物技术、信息和通信技术、钻石加工等领域达到了世界尖端水平。

（三）农牧渔业

农业发达，科技含量较高，其滴灌设备、新品种开发举世闻名。农业组织结构以莫沙夫和基布兹为主。主要农作物有小麦、棉花、蔬菜、柑橘等。粮食接近自给，水果、蔬菜生产自给有余并大量出口。

（四）旅游业

旅游业在经济中占重要地位，是外汇的主要来源之一。以色列国土面积虽小，但有独特的旅游胜地和众多的名胜古迹，每年吸引数以百万计的游客游览观光。

（五）对外贸易

国内市场相对狭小，经济对外依存度高。以色列是世贸组织和经济合作与发展组织的成员国，与美国、加拿大、土耳其、墨西哥及欧盟、欧洲自由贸易联盟、南方共同市场签有自由贸易协定。欧盟是以色列最大的贸易伙伴，美国是以色列最大的单一贸易伙伴国。

三、以色列对外国投资合作的政策

鼓励的行业：由于以色列在科技水平、劳动力素质、政府对研发鼓励政策、培育环境等方面的领先优势，外商特别适合投资高科技产业，尤其是在以色列设立研发中心。以色列的高科技产业和技术创新企业是外资投资的重点。以色列政府特别鼓励有利于提高产品竞争力、创造就业机会、推动工业研发型企业和技术创新型企业发展的长期投资。对工业研发有大量鼓励措施。

禁止的行业：博彩业；限制的行业：国防工业、通信、发电和铁路运输的某些领域。

投资方式的规定：在以色列可以进行多种形式的投资和商业运作。不同类型的企业分别由相应法律法规加以规范，适用不同的税收办法，一般分为5类。

以色列公司：以色列企业最通常的组织形式为公司，包括股份有限公司、有限责任公司和无限责任公司 3 种，均应遵守《公司条令》的规定。

外国公司：在海外成立的公司可以在以色列设立分支机构或其他业务场所（包括股份转让或股份注册办事处），但必须于设立分支机构 1 个月内在以色列注册为外国公司。

合伙制企业：合伙制企业需遵循《合伙条令》，并在其成立 1 个月内到司法部合伙制企业注册局注册，但某些农业合伙企业可以免于注册。合伙制企业中合伙人数量一般不超过 20 人，公司及外国居民也可以获得合伙人身份。

合作社：根据《合作社条令》，合作社应在经济部合作社注册局注册，合作社成员的责任一般仅限于其所拥有的股份或合作社章程中规定的额度，每个成员拥有一票决定权，所占资本不超过总资本的 20%。

合资企业：合资企业是由两个或两个以上的合作方共同开展某项活动或在特定基础上进行交易。当有多方参与时，在不同情况下合资企业可能采取"利益共享""财团""成本分摊"等不同形式。典型的合资企业可能联合不同国家、不同大陆的实体，表现为一种涉及所有各方的国际战略联盟。合资企业与合伙企业类似，但区别在于合资企业通常为特定情况下某项单一活动或单一交易。

四、以色列能够给中国企业提供投资合作咨询的机构

以色列主管投资的政府部门是经济部。其下设的以色列投资促进中心负责协调各政府部门和有关机构的相关职能，并为外国投资者提供帮助和服务。

五、已在以色列落地的部分中国企业和项目

（一）落地企业

中国土木工程集团有限公司以色列分公司、中铁十二局、中铁隧道集团公司、中海（以色列）代理有限公司、中远以色列公司、上海国际港务（集团）公司、华为技术有限公司、中兴通讯股份有限公司、中国港湾工程有限责任公司、同方威视技术股份有限公司、国家开发银行以色列工作组、复星医药、中国化工集团。

（二）落地项目

2015 年 1 月，阿里巴巴投资了以色列一家专注二维码技术的公司。2014 年，给以色列从事视频捕捉的创业公司 Pixellot 投资 300 万美元，还向以色列创投公司 Carmel Ventures 注入资金。

2015 年 3 月，中国上海光明食品（集团）有限公司收购以色列最大的乳业食品公司 Tnuva 77% 股权的交易完成交割，交易金额约 9.3 亿欧元。

意大利

一、国家地理等概况

意大利共和国位于欧洲南部,包括亚平宁半岛及西西里、撒丁等岛屿。北以阿尔卑斯山为屏障与法国、瑞士、奥地利、斯洛文尼亚接壤,东、南、西三面分别临地中海的属海亚得里亚海、爱奥尼亚海和第勒尼安海。海岸线长约 7200 多公里,面积 301333 平方公里,人口 6080.2 万(世界银行 2015 年统计数据)。居民主要是意大利人,讲意大利语,西北部的瓦莱·达奥斯塔、东北部的特伦蒂诺—上阿迪杰和弗留利—威尼斯·朱利亚等少数民族地区分别讲法语、德语和斯洛文尼亚语。大部分居民信奉天主教。首都是罗马。大部分地区属亚热带地中海气候。平均气温 1 月份为 2℃ ~ 10℃,7 月份为 23℃ ~ 26℃。最热的月份为 7 月,一般气温在 20℃ ~ 32℃;最冷月份为 1 月,一般气温在 1℃ ~ 10℃。

二、产业情况

意大利是发达的工业国家。私有经济为主体,占国内生产总值的 80% 以上。服务业约占国内生产总值的 2/3。国内各大区经济发展不平衡,南北差距明显。中小企业占企业总数的 98% 以上,堪称"中小企业王国"。根据世界银行最新的统计数据,2015 年的主要经济数字如下:国内生产总值为 1.81 万亿美元,人均国内生产总值为 29847 美元,国内生产总值同比增长 0.8%。

(一)资源

意大利的自然资源贫乏,仅有水力、地热、天然气等能源和大理石、黏土、汞、硫黄以及少量铅、铝、锌和铝矾土等矿产资源。本国石油和天然气产量只能满足 4.5% 和 22% 的市场需求,3/4 的能源供给和主要工业原料依赖国外进口。

（二）工业

近年来，工业增长在欧盟处于较低水平。各类中等技术含量消费品和投资产品在世界市场上占有相当份额，但高技术产品相对较少。主要工业有：石油化工、汽车制造、家用电器、电子仪器、冶金、机械、设备、纺织、服装、制革、家具、食品、饮料、烟草、造纸、出版、印刷、建筑等。中小企业众多，且专业化程度高、适应能力强、传统上以出口为导向，近70%的国内生产总值由中小企业创造。中小企业在制革、制鞋、服装、纺织、家具、厨房设备、瓷砖、丝绸、首饰、酿酒、机械、大理石开采及机械工业等领域具有较大的竞争力。但随着经济全球化和不断加剧的国际竞争，中小企业也面临日益严峻的挑战。

（三）农林渔业

农、林、渔业占国内生产总值约为2.4%。意大利农业企业约有160万家，可灌溉耕地240万公顷。意农产品质量和声誉在欧盟首屈一指，239种农产品获得欧盟最高认证，是欧盟国家中拥有此类认证最多的国家。

（四）服务业

意大利的服务业发展较快，一直呈上升趋势。服务业产值占国内生产总值的比例约为68%，是制造业的两倍，但多数服务业均与制造业产品营销或供应有关。

（五）旅游业

意大利的旅游业发达，为世界第四旅游大国。旅游资源丰富，气候湿润，风景秀丽，文物古迹很多，目前共有49处历史、文化古迹和自然景观被收入联合国教科文组织《世界遗产名录》，是世界历史文化遗产最丰富的国家之一。旅馆多为中小型，包括宾馆、露营地、旅游村和农业旅游住所等在内全国共有11.5万处。主要旅游城市是罗马、威尼斯和佛罗伦萨等。旅游从业人员32万人。

（六）交通运输

意大利的交通基础设施较齐全。国内运输主要依靠公路、铁路、水路和航空运输也较发达。全国公路网总长18万公里，其中高速公路总计

6668 公里，占欧洲高速公路总长的 10%，铁路网总长 19394 公里。意居民汽车拥有率为 61%。全国有热那亚、那不勒斯、威尼斯、的里雅斯特、塔兰托、里窝那、锡拉库扎等 19 个主要港口。

（七）财政金融

巨额赤字和公共债务一直是意经济的两大难题。2012 年，意财政赤字率为 3%，公债总额 2 万亿欧元，占 GDP 的 127%。1992 年开始，意先后对国民劳动银行、意大利信贷银行和意大利商业银行以及伊利、埃尼、国家保险公司、国家电力公司、高速公路公司等大型国有企业实施私有化。2011 年，受希腊主权债务危机的影响，意主权债务形势严峻，第四季度国债收益率急速攀升，10 年期国债收益率一度达到 7.5%。2012 年，蒙蒂技术政府果断实施一系列紧缩措施并推行结构性改革，财政状况有所改善，主权债务问题出现企稳现象。

（八）对外贸易

对外贸易是意经济的主要支柱。外贸产值占 GDP 的 40% 以上。各种个人消费品、机器机械设备以及资本商品在世界市场中占据非常重要的地位。意大利曾经是世界最大的贸易顺差国之一，年顺差在百亿美元以上，但自 21 世纪初，由于欧元坚挺，能源价格飞涨，以及产业结构僵化等原因，逐渐沦为贸易逆差国。意大利为全球十大外贸国之一，年进出口贸易总额长期稳定在世界第七至第八位。2012 年，意大利出口额 2092 亿欧元，进口额 2003 亿欧元。意大利产品在国际上有较强的竞争力，出口商品种类非常齐全。主要以机械仪器、汽车、农产品加工、钢铁、化工化学、制药、家用电器、服装、制鞋、贵金属等工业制成品为主。意国外市场主要为欧盟国家，对其出口量占总量的一半以上。但近年来，意大利对世界其他地区市场出口份额逐渐加大，出口欧盟占出口总份额逐渐缩小。俄罗斯、日本、中国、巴西、美国、越南、北非、中东、南非等国家和地区都是意大利重要的贸易伙伴。

三、意大利对外国投资合作的政策

优惠政策框架：意大利并无专门针对外商投资的优惠或鼓励政策，一些行业和地区投资优惠措施普遍适用于包括外资在内的所有投资。作为欧盟成员国，意大利必须在欧盟的框架内制定相应的鼓励投资政策，即对按欧盟标准划定的特定地区、行业的投资给予资助，并针对地域和企业规模制定不同的资助标准，南部地区的中小企业享有最大幅度的资助。对钢铁、造船、汽车制造、人造纤维等敏感行业禁止提供资助或需得到欧盟特别授权。此外，对农、渔、食品和交通业也存在类似的禁止、限制和特殊规定。

意大利为企业投资与增资提供了广泛的优惠政策，包括赠款、免税、低息贷款和政府信贷担保等。这些政策绝大多数情况下适用于外国投资企业，并都针对商业活动的主要需求，体现特定目标，如新建工厂、技术改造、扩大规模、增置新设备、研发、融资、培训、雇工等。意大利政府还专门为中小企业量身定做一些优惠政策。

行业投资政策：意大利对外国投资的名义开放程度较高，外国投资者可以拥有 100% 的产权，但此类情况实际极少。根据欧盟协定第 43 条款，外资企业在意大利享受国民待遇，在税收和优惠政策方面与意大利本国企业一致。但也有例外，如意大利的《反垄断法》《竞争和公平交易法》，赋予政府可以出于"国家经济利益和战略利益优先"的考虑，或在意大利企业在别国遭受歧视的情况下，有权阻止外资企业的并购计划。

意大利在国防工业、飞机制造、石油天然气资源勘探开发、国内航空业经营和海运等行业对投资经营限制较严格。在这些行业存在某些限制外资的特殊法律条文。

行业投资的方式：外国"自然人"投资，1942 年意大利王国时代制定的《民法基础原则》第 16 条即已明确，通过双边互惠条约，可给予在意境内的外国人（包括自然人）民事权利方面的对等国民待遇。当前的意大利共和国政府继承了该原则。1985 年，中意两国签署双边投资协定。根据该互惠协定，意大利对中国自然人在意投资实行对等原则。

意大利虽然规定对外资开放，但实际操作过程中并未完全开放。中资企业在意大利若想参与 BOT 项目，必须与当地的企业联合竞标，单独中资企业不具有投标资质，即使中资企业与意大利企业联合竞标，也鲜有成功案例。

四、意大利能够给中国企业提供投资合作咨询的机构

意大利主管对外投资和外国在意投资政策的部门是经济发展部，具体负责司局为产业政策、竞争力和中小企业司，具体职能包括实施吸引外资的有关政策和项目。此外，2012 年意大利立法在经济发展部设立"意大利窗口"，负责协调意政府各部门工作，简化行政审批流程，为外商投资者提供一站式服务。目前，具体协调工作由产业政策、竞争力和中小企业司负责，咨询和服务工作由意大利引资和企业发展署负责。

五、已在意大利落地的部分中国企业和项目

中远集团意大利公司、华为意大利公司、通用技术集团意大利公司、宝钢意大利集散中心、中国海运集团意大利公司。上海振华重工（集团）股份有限公司承建 ZP2236 意大利。沈阳远大铝业工程有限公司承建意大利哈迪大厦。中利腾晖光伏科技有限公司承建意大利 QUERCUS 地面电站等。

约 旦

一、国家地理等概况

约旦哈希姆王国面积 8.9 万平方公里。人口 759.4 万（世界银行 2015年统计数据），60% 以上是巴勒斯坦人。98% 的人口为阿拉伯人，还有少量切尔克斯人、土库曼人和亚美尼亚人。国教为伊斯兰教，92% 的居民属伊斯兰教逊尼派，另有少数属什叶派和德鲁兹派。信奉基督教的居民约占6%，主要属希腊东正教派。官方语言为阿拉伯语，通用英语。首都位于安曼，人口 250 万。

二、产业情况

约旦系发展中国家，经济基础薄弱，资源较贫乏，可耕地少，依赖进口。国民经济的主要支柱为侨汇、旅游和外援。根据世界银行最新的统计数据，2015 年的主要经济数字如下：国内生产总值为 375 亿美元，人均国内生产总值为 4940 美元，国内生产总值同比增长 2.4%。货币名称：约旦第纳尔。

（一）资源

主要有磷酸盐、钾盐、铜、锰、铀、油页岩和少量天然气。磷酸盐储量约 20 亿吨。死海海水可提炼钾盐，储量达 40 亿吨。油页岩储量 700 亿吨，但商业开采价值低。

（二）工业

多为轻工业和小型加工工业，主要有采矿、炼油、食品加工、制药、玻璃、纺织、塑料制品、卷烟、皮革、制鞋、造纸等。有五个规模较大的工业企业（磷酸盐、钾盐、炼油、水泥、化肥）。磷酸盐年产量 450 万吨，年出口435 万吨；钾盐年产量 183 万吨，大部分供外销；化肥年产量 583 万吨，水泥年产量 195 万吨；炼油年产量 250 万吨；天然气年产量 3000 万立方英尺。

（三）农业

农业不发达，农业人口11.04万，约占劳动力的12%。可耕地面积仅占国土面积的7.8%，已耕地面积约50万公顷，多集中在约旦河谷，全部为私人经营。水资源缺乏是约旦发展农业的主要障碍。目前建有10个主要水坝，总容量3.27亿立方米，其中91%位于干旱地区。主要农作物有小麦、大麦、玉米、蔬菜、水果、橄榄等。农产品不能满足国内需求，粮食和肉类主要依靠进口。

（四）旅游业

旅游业是约旦三大经济支柱之一和主要外汇来源之一。2012年，约旦旅游业收入35亿美元，同比增长15.3%。主要旅游景区有安曼、死海、杰拉什、佩特拉、阿杰隆古堡、亚喀巴、月亮谷等。

（五）电信和信息业

近年来，约旦大力发展电信和信息产业。1999年，约旦启动通信技术领域发展倡议，该行业投资已达25亿美元。2012年，约旦互联网用户426万人，普及率达67%，手机用户898.4万人，普及率达140%。

（六）财政金融

约旦的金融系统比较发达、开放。全国有26家银行，全部是上市私有银行。外国银行可在约旦设分行，但不得为境外实体融资。世界金融危机后，约旦加强了金融监管，暂停外国银行在约旦设分行的业务。

（七）对外贸易

与世界100多个国家和地区有贸易往来。主要进口原油、机械设备、电子电器、钢材、化学制品、粮食、成衣等；主要进口国为沙特、中国、美国、德国和埃及；主要出口服装、磷酸盐、钾盐、蔬菜、医药制品和化肥等；主要出口目的地为美国、伊拉克、印度、沙特、叙利亚和阿联酋。

三、约旦对外国投资合作的政策

约旦的外资优惠政策框架主要包括《投资促进法》（1995年）和《非约旦人投资管理条例》（2000年）的相关规定，涉及行业优惠和地区优惠两个层面。

关税优惠：

（1）用于投资项目的固定资产进口时免征关税和相关费用。这些固定资产包括：机器、设备和用于投资项目的物资，包括宾馆、医院的家具和设备。

（2）对不超过固定资产价值15%的投资项目零部件，进口时免征关税和相关费用。

（3）如果投资项目的扩建、开发和现代化能够使该项目的生产能力提高不少于25%，则为此项目进口的固定资产免征关税和相关费用。

（4）每隔7年，为宾馆和医院进行现代化和更新所购买的家具、设备免征关税和相关费用。

（5）对由于固定资产原产地价格上涨，或者由于运输费用增加和汇率变化造成的增值部分免征关税和相关费用。

（6）经投资促进委员会同意，投资者可将获得减免税的固定资产再出口。

（7）经投资促进委员会同意，投资者可出售获减免税的固定资产或在经过付费或完税后，将固定资产转让给投资促进法未给予优惠的投资者。

四、约旦能够给中国企业提供投资合作咨询的机构

约旦投资主管部门为约旦投资委员会。目前，约旦投资委在海湾国家和中国北京均设有办事处，并将中国列为约旦14个重点招商国家之一。

五、已在约旦落地的部分中国企业和项目

（一）落地企业

华为技术有限公司、中兴通讯公司、北方公司。

（二）落地项目

2015年，中国大连国际经济技术合作集团有限公司承建约旦严整喀巴LPG储藏终端项目。

哈萨克斯坦

一、国家地理等概况

哈萨克斯坦共和国面积 272.49 万平方公里，人口 1754 万（世界银行 2015 年统计数据）。共有 131 个民族，主要有哈萨克族（64.0%）、俄罗斯族（23.7%）、乌克兰族、乌孜别克族、日耳曼族和鞑靼族等。哈萨克语为国语，哈萨克语和俄语为官方语言。50% 以上的居民信奉伊斯兰教（逊尼派），此外还有东正教、天主教、佛教等。首都位于阿斯塔纳。货币名称：坚戈。

二、产业情况

2010—2011 年，随着世界经济的复苏、国际市场需求恢复以及能源和金属等国际价格稳定，哈经济开始强劲反弹，出口开始增长。此外，主要贸易伙伴国的经济恢复、需求增长一定程度上也促进哈商品的出口。关税同盟的深入发展，对哈贸易增长亦有一定贡献。哈全力推进"工业路线图计划"和"至 2020 年商业路线图计划"。其中，工业路线图计划实施 609 个项目，总额达 96 万亿坚戈。2010—2011 年，在工业路线图计划框架内共建设 389 个项目，总额达 1.8 万亿坚戈，创造了 9 万个就业岗位。2010 年以来，在至 2020 年商业路线图计划框架内，政府对拥有 9.5 万员工的 1000 家企业的 820 个项目进行了补贴，总额达 2514 亿坚戈。根据世界银行最新的统计数据，2015 年的主要经济数字如下：国内生产总值为 1843 亿美元，人均国内生产总值为 10508 美元，国内生产总值同比增长 1.2%。

（一）资源

铀矿、铜矿、铅矿、锌矿、钨矿储量丰富。原油探明储量为 48 亿～59 亿吨，远景储量为 120 亿～170 亿吨。天然气探明储量为 3.5 万亿立方米，远景储量 6 万亿 ~ 8 万亿立方米。

（二）工业

2011 年，工业产值增长 3.5%，达 156576 亿坚戈（约 1068 亿美元）。其中，矿山开采业增长 1.3%，加工工业增长 6.2%，供电、气增长 7.4%。

（三）农业

截至 2011 年末，哈农业产值为 22566 亿坚戈，约合 154 亿美元，同比上升 26.7%。2011 年，哈畜牧业产值同比下降 0.7%，为 9441 亿坚戈；种植业产值增长 58.6%，达 13051 亿坚戈。

（四）建筑业

2011 年，哈政府向建筑业投资 4171 亿坚戈，同比增长 19.2%。全年共有 6529 个住宅项目开工，建筑业产值增长 3%。

（五）对外贸易

哈萨克斯坦主要出口对象是俄罗斯、中国、意大利、荷兰、法国。哈同期与独联体成员国双边贸易额达 326 亿美元，占对外贸易总额的 25.9%。哈与独联体内关税同盟成员国俄罗斯、白俄罗斯双边贸易额为 245 亿美元。

从商品结构上看，主要出口商品：矿产品占 77.8%（包括石油及石油产品），非贵金属及其制成品占 13.2%，化学制品塑料和橡胶占 3.7%，食品和食品原料占 2.1%，机械、设备、交通工具、仪器和仪表占 0.9%。

三、哈萨克斯坦对外国投资合作的政策

优惠政策：根据 2003 年 1 月 8 日通过的哈萨克斯坦《投资法》的规定，凡与哈萨克斯坦投资委员会签订了投资合同的外国投资者可以享受以下特惠：①投资者进口生产用设备免关税；②哈萨克斯坦国家可以给予外国投资者土地使用、房产、机械设备、计算机、测量仪器、交通工具（小汽车除外）等方面的一次性实体资助。

行业投资：2015—2019 年，哈萨克斯坦实施第二个五年《工业发展国家纲要》，其最终目标是提高本国工业制造业的竞争力，推动实现哈经济结构的多元化，保障经济可持续增长。规划指出，2015—2019 年，哈将重

点发展 16 个制造行业, 其中 14 个为实体加工业 (黑色冶金业、有色冶金业、炼油、石化、食品、农药、工业化学品、交通工具及配件和发动机制造业、电气、农业机械制造业、铁路设备制造业、采矿业、机械设备制造业、石油炼化开采机械设备制造业、建材), 其他为创新和航天工业两个行业。对这些领域, 哈政府批准了优先发展的项目, 对这些项目投资可以获得一系列投资优惠。

投资行业的规定: 鼓励外商向优先发展领域投资, 包括农业, 林业, 捕鱼、养鱼业, 食品、纺织品、服装、毛皮、皮革的加工和生产, 木材加工及木制品生产, 纸浆、纸张、纸板生产, 印刷及印刷服务, 石油制品生产, 化学工业, 橡胶和塑料制品生产, 其他非金属矿产品生产, 冶金工业, 金属制成品生产, 机器设备生产, 办公设备和计算机生产, 电力机器设备生产, 无线电、电视、通信器材生产, 医用设备、测量工具、光学仪器设备生产, 汽车、拖车和半拖车生产, 其他运输设备生产, 家具生产, 电力、天然气、热气和水的生产, 水处理, 建筑, 宾馆和餐饮服务, 陆上运输, 水运业, 航空运输业, 教育, 卫生和社会服务, 休闲、娱乐、文体活动等。总之, 哈政府鼓励外商投资, 大部分行业投资没有限制, 但对涉及哈萨克斯坦国家安全的一些行业, 哈有权限制或者禁止投资。哈特别提倡外商向非资源领域投资。

四、哈萨克斯坦对外经贸关系

[双边贸易] 据中国海关统计, 2015 年中哈贸易额为 143 亿美元, 同比下降 36.3%; 其中, 中方出口 84.4 亿美元, 同比下降 33.6%; 进口 58.6 亿美元, 同比下降 39.8%。

[货币互换] 2014 年 12 月 14 日, 中国与哈萨克斯坦国家银行在阿斯塔纳续签了双边本币互换协议, 同时签订了新的双边本币结算与支付协议。双边本币结算与支付协议签订后, 中哈本币结算从边境贸易扩大到一般贸易。两国经济活动主体可自行决定用自由兑换货币、人民币和哈萨克坚戈进行商品和服务的结算与支付。

[中国在当地投资开发的工业园区] 哈萨克斯坦中国工业园是中方参与投资的首个在哈工业园。工业园位于哈曼戈斯套州阿克套海港经济特区,

园区规划面积 400 公顷，首期开发面积 100 公顷，由新疆三宝集团与新疆经济技术开发区建设投资开发有限公司合作开发，拟吸引 10～15 家中国加工企业在该园区开展生产。

五、哈萨克斯坦能够给中国企业提供投资合作咨询的机构

（一）中国驻大使馆经商参处

网址：kz.mofcom.gov.cn

（二）哈萨克斯坦驻中国大使馆

网址：www.kazembchina.org

（三）国家出口及投资署

网址：www.kaznexinvest.kz

（四）中国商务部研究院海外投资咨询中心

网址：www.caitec.org.cn

六、已在哈萨克斯坦落地的部分中国企业和项目

伊斯兰堡：中国移动哈萨克斯坦公司，中巴联合投资公司，华为技术哈萨克斯坦公司，中兴电信哈萨克斯坦公司，中原对外工程公司，中国水利电力对外公司，中国建筑工程有限公司，中国建材工业对外经济技术合作公司，新疆北新建设工程集团公司，中国路桥工程有限责任公司，中国机械对外经济技术合作公司，中油工程建设（集团）公司，中油东方地球物理（哈萨克斯坦）公司，中油测井公司，四川石油管理局，振华石油控股有限公司，南方航空公司，华信邮电咨询设计研究院有限公司，北方工业公司，中国航空技术进出口公司，新疆道路桥梁工程总公司，上海神开石油科技有限公司办事处，河南送变电建设公司，上海建工集团，中国通信服务哈萨克斯坦公司。

拉合尔：拉姆—轻骑摩托车有限公司，海尔哈萨克斯坦工业园，上广电—RUBA 电子有限公司，中国水利水电建设集团，东方电气集团公司，华中电力集团国际经贸有限公司，哈尔滨电站工程公司，中国葛洲坝集团股份有限公司，中国电线电缆进出口联营公司，北方国际电力公司，辽宁

国际公司，四川电力进出口公司，山东巨菱拖拉机组装厂，海的建材有限公司，EPS 包装公司（青岛裕鲁），茂源—HK 哈萨克斯坦钣金件有限公司，西域哈萨克斯坦有限公司，杭州中控办事处。

费萨拉巴德：泰华电讯（哈萨克斯坦）合资公司。

苏斯特：新疆外运巴中苏斯特口岸有限公司。

卡拉奇：中国冶金集团资源开发公司，中国港湾工程公司，中国机械设备进出口公司，中国机械进出口公司，中国化学工程公司，中国地质工程公司，中国首钢国际贸易工程公司，中国远洋—萨意卡拉奇有限公司，长春第一汽车制造厂，大连机车，北京国际经济技术合作公司，广西国际公司，丹东海顺远洋渔业有限公司，上海水产公司，山西运城制版有限公司，天狮国际哈萨克斯坦有限公司，中国国际航空公司，上海对外经济技术公司，TCL 公司，力帆集团有限公司。

科威特

一、国家地理等概况

科威特国面积 17818 平方公里。人口 389 万（世界银行 2015 年统计数据）。官方语言为阿拉伯语。伊斯兰教为国教，95% 的居民信奉伊斯兰教，其中约 70% 属逊尼派，30% 为什叶派。首都位于科威特城。

二、产业情况

石油、天然气为国民经济的支柱产业，其产值占国内生产总值的 45%，占出口收入的 92%。近年来，政府在重点发展石油、石化工业的同时，强调发展多元经济，减轻对石油依赖，不断扩大对外投资。2010 年，科威特国民议会通过《2010—2014 年国家未来五年发展规划》，计划投资 1300 亿美元，促进科威特在能源、铁路、电网合并、基础设施建设、通讯和新城区建设等领域的发展，致力于将科威特打造为海湾地区的金融贸易中心。根据世界银行最新的统计数据，2015 年的主要经济数字如下：国内生产总值为 1128 亿美元，人均国内生产总值为 28984 美元，国内生产总值同比下降 0.4%。

（一）资源

石油和天然气储量丰富。现已探明的石油储量 149 亿吨，居世界第五位。天然气储量为 1.78 万亿立方米，居世界第十九位。

（二）工业

以石油开采、炼化和石油化工为主。2012 年，原油日产量 297 万桶。科威特石油公司为世界十大石油公司之一，全面负责科威特国内外的原油和成品油销售。科威特原油公司负责国内石油生产，是世界第七大石油公司。

（三）农牧渔业

可耕地面积约 14182 公顷，无土培植面积约 156 公顷。近年来，政府重视发展农业，农业产值占国内生产总值的 0.5%。以生产蔬菜为主，农牧产品主要依靠进口。渔业资源丰富，盛产大虾、石斑鱼和黄花鱼。年产量在 1 万吨左右，产值约 1300 万科威特第纳尔。

（四）对外贸易

对外贸易在科威特的经济中占有重要地位。出口商品主要有石油和化工产品，石油出口占出口总额的 95%。进口商品有机械、运输设备、工业制品、粮食和食品等。主要贸易对象是：美国、日本、英国、韩国、意大利、德国、荷兰、新加坡等。

三、科威特对外国投资合作的政策

优惠政策：科威特允许外国投资者独资或与本地人合资在科威特投资经营。按照《直接投资促进法》第二十九条的规定，外国投资者如果希望获得本法规定的优惠待遇，则应向直接投资促进局递交申请，最后报请董事会批准。在设立外国银行之前必须得到科威特中央银行的同意。

经批准，按照《直接投资促进法》第二十七条的规定，外商投资项目可享受的优惠包括：自投资项目正式运行 10 年内免征所得税或任何其他税，对该项目的再投资同样免征上述税赋，免税期限与兴建该项目时的原始投资所享受的期限相同；对项目建设、扩建所需的机械、设备和零配件，以及生产所需的原材料、半成品及包装和填充材料等物品进口全部或部分免征关税；依照国家现行法律和条例划拨投资所需的土地和房产；依照国家现行法律和条例聘用必需的外国劳动力。按有关规定，凡经批准的外国项目均不得予以没收或国有化，唯有在公共利益需要时，方可依据现行法律对其实行征收，并给予相应补偿，赔偿金额应根据上述项目被施以征收前的经济状况进行评估，其应得的赔款应立即支付。

行业投资政策：科威特确定的引资重点领域是高新科技产业领域，如电子网络建设、电信、环保、先进的石油技术等，而不鼓励投资那些能力过剩的行业，如旅馆业等。具体来说，以下是科威特对外商投资合作的鼓励原则：①为科威特引入高科技或现代管理方法及销售经验；②优质的产品和服务；③有助于促进当地及海合会国家经济多样化；④提升科威特国家出口；⑤创造就业机会和劳动力培训；⑥促进地区平衡发展的项目；⑦良好的环境；⑧项目可为社区提供特殊的服务；⑨使用科威特产品；⑩使用科威特的科技、专业及咨询服务。

投资行业的规定：科威特 2015 年第 75 号部长会议决定，明确了 10 类不允许外商投资进入的领域，即原油开采、天然气开采、焦炭生产、肥料和氮化合物生产、煤气制造、通过主管道分配气体燃料、房地产（不包括私人运营的建设项目）、安全和调查活动、公共管理与国防、强制性社会保障、成员组织、劳动力雇佣（包括家政人员雇佣）。

四、科威特对外经贸关系

［双边经贸协定］中国与科威特签署的经贸协定主要包括：《贸易协定》《鼓励和相互保护投资协定》《关于成立经济、技术和贸易合作混合委员会的协定》《经济技术合作协定》《避免双重征税协定》《经济技术合作协定》和《石油合作框架协议》。海湾合作委员会还同中国签署了《经济、贸易和技术合作框架协议》。

［双边贸易］据中国海关统计，2015 年中科贸易总额为 112.7 亿美元，同比下降 16.1%。其中，中国自科威特进口额为 75 亿美元，同比下降 25.1%；中国向科威特出口额为 37.7 亿美元，同比增长 10%。

［双向投资］截至 2015 年，科威特在中国人民币市场 QFI 股资额度达 25 亿美元。截至 2015 年底，科威特阿拉伯基金向中国的 37 个项目提供优惠贷款 9.7 亿美元。

据中国商务部统计，2015 年当年中国对科威特直接投资流量 1.44 亿美元。截至 2015 年末，中国对科威特直接投资存量 5.44 亿美元。截至 2015 年末，科威特对华投资累计达 3.04 亿美元。

［在科威特的主要中资企业］中建股份有限公司、华为技术投资公司、中石化国际工程公司、中石化炼化工程（集团）股份有限公司、中国港湾公司、中冶科工集团公司、中水电建设集团公司、中国北方公司、中铁建十八局、中国电线电缆公司、葛洲坝股份公司、沈阳远大铝业工程公司、武汉凌云建筑装饰工程公司、北京江河玻璃幕墙公司、中兴通讯公司和江

苏省建设集团等。

［货币互换］中国与科威特尚未签署货币互换协议。

［FTA 协定］中国与包括科威特在内的海湾合作委员会（GCC）正在进行 FTA 谈判。

五、科威特能够给中国企业提供投资合作咨询的机构

（一）中国驻科威特大使馆经商参处

电话：00965–24822816，24822817

（二）科威特中资企业协会

秘书电话：00965–90910811

（三）科威特驻中国大使馆

电话：010–65321272，65322374

（四）科威特投资促进机构

办公时间：周日到周四，8：30 到 13：30

办公电话：00965–22240700

（五）中国商务部研究院海外投资咨询中心

网址：www.caitec.org.cn

六、已在科威特落地的部分中国企业和项目

（一）落地企业

中建股份有限公司、华为技术投资公司、中石化国际工程公司、中国港湾公司、中冶科工集团公司、中水电建设集团公司、中国北方公司、中铁建十八局、中国电线电缆公司、葛洲坝股份公司、沈阳远大铝业工程公司、武汉凌云建筑装饰工程公司、北京江河玻璃幕墙公司、中兴通讯公司、江苏省建设集团等。

（二）落地项目

科威特最大的移动运营商 Zain 与中国华为签署了合作协议，该协议重点在于网络功能虚拟化技术的应用；中国建筑旗下的中建钢构有限公司与

科威特霍拉菲集团签订了战略合作框架协议。根据协议，双方将携手拓展科威特建筑钢结构市场；中建海外集团承建了科威特中央银行大楼；中国港湾工程有限责任公司承建科威特国防部军事学院项目；中国石油集团东方地球物理勘探有限责任公司承建科威特 2014 年 KOC 公司科威特湾过渡带 + 陆上三维地震采集项目；河南第一火电建设公司承建科威特财政部大楼翻新改造工程等。

吉尔吉斯斯坦

一、国家地理等概况

吉尔吉斯共和国面积 19.99 万平方公里。根据世界银行 2015 年统计数据，人口 595.7 万。吉尔吉斯斯坦有 80 多个民族，其中吉尔吉斯族占 71%，乌孜别克族占 14.3%，俄罗斯族占 7.8%，东干族占 1.1%，维吾尔族占 0.9%，塔吉克族占 0.9%，哈萨克族占 0.6%，乌克兰族占 0.4%，其他为朝鲜、土耳其等民族。70% 以上的居民信仰伊斯兰教，多属逊尼派。国语为吉尔吉斯语，俄语为官方语言。首都位于比什凯克。

二、产业情况

国民经济以多种所有制为基础，农牧业为主，工业基础薄弱，主要生产原材料。2011 年以来，吉逐渐走出政局动荡和国际金融危机的阴影，经济总量有所提升，失业率逐渐下降，贸易额大幅上升。根据世界银行最新的统计数据，2015 年的主要经济数字如下：国内生产总值为 65.7 亿美元，人均国内生产总值为 1103.2 美元，国内生产总值同比增长 3.5%。货币名称：索姆。

（一）资源

自然资源主要有黄金、锑、钨、锡、汞、铀和稀有金属等。其中锑产量居世界第三位、独联体第一位，锡产量和汞产量居独联体第二位，羊毛产量和水电资源在独联体国家中居第三位。

（二）工业

主要工业有采矿、电力、燃料、化工、有色金属、机器制造、木材加工、建材、轻工、食品等。

（三）农业

2011 年，农、林、猎总产值为 1473.48 亿索姆，同比增长 2.3%，其中畜牧业占比 46.2%，种植业占比 52.1%，农业与服务业占比 1.7%。2011 年，农作物播种面积为 115.92 万公顷，同比增加 1.35 万公顷，增长 1.2%。全年谷物产量因旱灾减产 3100 吨，约 158.07 万吨，同比下降 0.2%；棉花 10.13 万吨，增长 36.9%；甜菜 15.88 万吨，增长 14.1%；烟叶 0.99 万吨，增长 0.3%；蔬菜 82.09 万吨，增长 1.1%。

（四）对外贸易

2011 年，起吉对外贸易额大幅提升，主要贸易伙伴有：俄罗斯、中国、瑞士、哈萨克斯坦、美国。出口产品主要为贵金属、化学物品和农产品等，主要进口石油产品、二手汽车、服装、天然气等。

三、吉尔吉斯斯坦对外国投资合作的政策

优惠政策：（1）对外国投资者实行国民待遇。除了在自由经济区注册的外资企业，其他外资企业一般情况下不享受税收优惠。

（2）对投资性进口商品（如外资企业用于生产的机器设备）免征进口关税。

（3）对外国投资不得歧视。外国投资者在吉尔吉斯斯坦法律允许的范围内可在吉尔吉斯斯坦境内独立进行投资活动，其财产、投资及合法权利受到吉尔吉斯斯坦法律保护。

（4）外国投资者可自由支配一切合法所得，可将在吉尔吉斯斯坦经营所得的利润及人员的工资收入自由汇往境外，且数量不受限制。

（5）外资企业依法享有充分的经营自主权，吉尔吉斯斯坦政府部门不得随意干涉外资企业的正常经营活动（国家税务部门每年只能对企业进行一次检查）。

（6）凡在吉尔吉斯斯坦政府鼓励投资的优先发展领域进行投资，以及在吉尔吉斯斯坦国家发展规划项下对特定区域进行投资，均可根据吉尔吉斯斯坦现行法律规定对投资者给予相应的优惠。

（7）在吉尔吉斯斯坦政府对投资法、税法和关系到国家安全、公众健康及环境保护的法规进行修改或补充的情况下，外国投资者有权在上述修改或补充生效之日起 10 年内自由选择对其自身最为有利的适用法规条款。即外国投资者可以根据自身利益的需求，在原有法规和修改后的法规

之间进行自由选择。

（8）在吉尔吉斯斯坦法律对自由货币在其境内外的流通实行限制的情况下，外国投资者不受其限制。如对外国投资者实行此种限制，则必须以防止洗钱交易的法规为依据。

（9）外国人有权在吉尔吉斯斯坦购置不动产，但无权取得土地所有权（可以取得土地使用权）。外国自然人无权在吉尔吉斯斯坦购置住宅，但在吉尔吉斯斯坦注册的外国法人可以按规定程序购买住宅。

行业投资：吉尔吉斯斯坦对外资企业实行国民待遇，无特殊行业鼓励政策。

四、吉尔吉斯斯坦对外经贸关系

［双边贸易］中吉两国自建交起，双边贸易基本保持稳定增长态势，特别是近几年增速明显。据中国海关统计，1992 年两国贸易额仅为 3549 万美元；2008 年，双边贸易额达到 93.3 亿美元，创历史新高。中国成为吉尔吉斯斯坦第二大贸易伙伴，吉尔吉斯斯坦是中国在独联体国家中的第三大贸易伙伴。2015 年，中吉贸易额 43.42 亿美元，同比下降 18.1%，其中中方出口 42.84 亿美元，下降 18.3%；中方进口 0.58 亿美元，增长 4.1%。

［货币互换］中吉双方尚未签署过货币互换协议。

五、吉尔吉斯斯坦能够给中国企业提供投资合作咨询的机构

（一）中国驻大使馆经商参处

网站：kg.mofcom.gov.cn

（二）驻中国大使馆

网址：www.fmprc.gov.cn

（三）投资促进机构

网站：www.invest.gov.kg

（四）中国商务部研究院海外投资咨询中心

网址：www.caitec.org.cn

六、已在吉尔吉斯斯坦落地的部分中国企业和项目

（一）落地企业

特变电工公司、中兴通讯公司、华为公司、南方航空公司、中铁五局、中水电公司、北新路桥公司、紫金矿业公司、中国黄金公司、富金矿业公司等。

（二）落地项目

中国特变电T公司承建的上合优惠出口买方信贷项下比什凯克热电站项目；中国路桥公司承建的"北—南公路"修复项目签署贷款协议；上峰水泥公司投资的克明水泥厂。

老 挝

一、国家地理等概况

老挝人民民主共和国面积 23.68 万平方公里。人口 680 万（世界银行 2015 年统计数据），分为 49 个民族，分属老泰语族系、孟—高棉语族系、苗—瑶语族系、汉—藏语族系，统称为老挝族，通用老挝语。居民多信奉佛教。华侨华人约 3 万多人。首都位于万象，人口 85 万（2012 年）。最高平均气温 31.7℃，最低平均气温 22.6℃。老挝位于中南半岛北部的内陆国家，北邻中国，南接柬埔寨，东临越南，西北达缅甸，西南毗连泰国。湄公河在老挝境内干流长度为 777.4 公里，流经首都万象，作为老挝与缅甸界河段长 234 公里，老挝与泰国界河段长 976.3 公里。属热带、亚热带季风气候，5 月至 10 月为雨季，11 月至次年 4 月为旱季，年平均气温约 26℃。老挝全境雨量充沛，近 40 年来年降水量最少年份为 1250 毫米，最大年降水量达 3750 毫米，一般年份降水量约为 2000 毫米。

二、产业情况

经济以农业为主，工业基础薄弱。根据世界银行最新的统计数据，2015 年的主要经济数字如下：国内生产总值为 123.2 亿美元，人均国内生产总值为 1812.3 美元，国内生产总值同比增长 7%。货币名称是基普。

（一）资源

有锡、铅、钾盐、铜、铁、金、石膏、煤、稀土等矿藏。迄今得到开采的有金、铜、煤、钾盐等。水利资源丰富。2012 年森林面积约 1700 万公顷，全国森林覆盖率约 50%，产柚木、花梨等名贵木材。

（二）工业

2011—2012 财年工业生产总值约为 25.38 亿美元，同比增长 14.4%，占 GDP 的 28.2%。主要工业企业有发电、锯木、采矿、炼铁、水泥、服装、食品、啤酒、制药等，以及小型修理厂和编织、竹木加工等作坊。

（三）农业

2011—2012 财年农业生产总值约为 24.03 亿美元，同比增长 2.8%，占 GDP 的 26.7%；稻谷产量约 343 万吨。农作物主要有水稻、玉米、薯类、咖啡、烟叶、花生、棉花等。全国可耕地面积约 800 万公顷，农业用地约 470 万公顷。

（四）服务业

老挝服务业基础薄弱，起步较晚。执行革新开放政策以来，老挝服务业取得很大发展。2011—2012 财年，服务业生产总值约为 35.1 亿美元，同比增长 8.1%，占 GDP 的 39%。

（五）旅游业

老挝琅勃拉邦县、巴色县瓦普寺已被列入世界文化遗产名录，著名景点还有万象塔銮、玉佛寺，占巴塞的孔帕萍瀑布，琅勃拉邦的光西瀑布等。革新开放以来，旅游业成为老挝经济发展的新兴产业。近年来，老挝与超过 500 家国外旅游公司签署合作协议，开放 15 个国际旅游口岸，同时采取加大旅游基础设施投入、减少签证费，放宽边境旅游手续等措施，旅游业持续发展。2013 年 5 月，老挝被欧盟理事会评为"全球最佳旅游目的地"。

（六）对外贸易

老挝同 50 多个国家和地区有贸易关系，与 19 个国家签署了贸易协定，中国、日本、韩国、俄罗斯、澳大利亚、新西兰、欧盟、瑞士、加拿大等 35 个国家（地区）向老挝提供优惠关税待遇。主要外贸对象为泰国、越南、中国、日本、欧盟、美国、加拿大和其他东盟国家。2012 年 10 月，老挝正式加入世界贸易组织。

三、老挝对外国投资合作的政策

老挝对外国投资给予税收、制度、措施、提供信息服务及便利方面的优惠政策。

禁止投资的行业：各种武器的生产和销售；各种毒品的种植、加工及销售；兴奋剂的生产及销售（由卫生部专门规定）；生产及销售腐蚀、破坏良好民族风俗习惯的文化用品；生产及销售对人类和环境有危害的化学品和工业废料；色情服务；为外国人提供导游。

鼓励外国投资的行业：出口商品生产；农林、农林加工和手工业；加工、使用先进工艺和技术、研究科学和发展、生态环境和生物保护；人力资源开发、劳动者素质提高、医疗保健；基础设施建设；重要工业用原料及设备生产；旅游及过境服务。

四、老挝能够给中国企业提供投资合作咨询的机构

（一）中国驻老挝大使馆经商参处

网址：la.mofocom.gov.cn

（二）老挝中资企业协会

（1）老挝中国商会

电话 / 传真：00856-21-264386

（2）老挝驻中国大使馆

网址：www.fmprc.gov.cn

（三）老挝投资促进机构

（1）老挝贸促中心

网址：www.laotrade.org.la

（2）老挝国家工商会

网址：www.Incci.laotel.com

（四）中国商务部研究院海外投资咨询中心

网址：www.caitec.org.cn

五、已在老挝落地的部分中国企业和项目

（一）落地企业

中国水利电力对外公司、云南建工公司、华为技术有限公司。

（二）落地项目

云南路桥股份有限公司承建老挝瓮安深水港码头经济区总承包项目；中国水利电力对外公司承建老挝 500KV 输变电项目（川圹—纳塞通段）；中国水利电力对外公司承建老挝 500KV 输变电项目（桑怒—丰沙湾段）；中老铁路项目签约仪式在北京举行，中老铁路预计于 2020 年建成通车。

拉脱维亚

一、国家地理等概况

拉脱维亚位于波罗的海东岸，北与爱沙尼亚、南与立陶宛、东与俄罗斯、东南与白俄罗斯接壤。国界线总长 1862 公里。平均海拔 87 米，地貌为丘陵和平原。气候属海洋性气候向大陆性气候过渡的中间类型。1 月份平均气温为 −4.6℃，7 月份平均气温为 21.4℃。平均年降水量为 732 毫米。面积 64589 平方公里。人口 197.8 万（世界银行 2015 年统计数据），其中拉脱维亚族占 62%，俄罗斯族占 27%，白俄罗斯族占 3%，乌克兰族占 2%，波兰族占 2%。官方语言为拉脱维亚语，通用俄语。主要信奉天主教和新教路德宗。2016 年，拉脱维亚 GDP 总计 276.77 亿美元，人均 GDP 为 14118 美元。

二、拉脱维亚对外国投资合作的政策

自 2002 年 1 月 1 日起生效的拉脱维亚《商法》取代了以前的《工商登记法》《有限责任公司法》《股份公司法》《外商投资法》等相关工商法律。

拉脱维亚对外国投资者实行国民待遇，外国投资者可以注册新公司或购买已成立的公司从事经营活动；外国银行得到拉脱维亚银行许可后，有权在拉脱维亚境内开设分行和机构。

按照拉脱维亚法律，企业可分为有限责任公司和股份公司。有限责任公司和股份公司的注册资本分别不得低于 100 拉特和 25000 拉特。2010 年开始，注册有限责任公司的最低股本要求降至 1 拉特起，但同时还需满足某些特殊规定，如股东不得超过 5 人，每个股东只能拥有一个小股本公司等。

外国投资者在拉脱维亚公司所占的股权比例不受限制，外国公司还可通过特许加盟、分销、代理等形式在拉脱维亚开展业务。

此外，还可以在拉脱维亚注册欧洲股份公司，这种公司的特殊之处在于：公司注册地址可以从一个欧盟国家转至另一个欧盟国家，无须进行清算或者重新注册。欧洲股份公司的最低股本为 120000 欧元，对于银行和保险行业，资本要求更高。

拉脱维亚外国公司的分公司没有法人资格，但其仍是独立的纳税主体，纳税申报要求与拉脱维亚当地公司相同，采用常规税基评估方式，按照与本地企业相同的税率缴纳所得税。外国公司在拉脱维亚设立的办事处不是法人实体，无权开展业务经营活动。

拉脱维亚新《破产法》于 2010 年 11 月 1 日起生效。该法对法人和个人的破产程序做出了新的规定。法人破产申请的最低债务金额为 3000 拉特，可由债权人、法人本身、其他欧盟成员国的破产管理者或法律保护程序保护的管理者向法院提交破产申请。个人破产申请的最低债务金额为 5000 拉特，可由本人或其他欧盟成员国的破产管理者向法院提交破产申请。在履行了法院规定的偿债责任后，便可解除其破产状态。

三、拉脱维亚能够给中国企业提供投资合作咨询的机构

拉脱维亚投资发展署　是拉脱维亚经济部下属的机构，于 1993 年开始运营，原名拉脱维亚发展署，2004 年重组并更名为拉脱维亚投资发展署。拉脱维亚投资发展署的主要目标是吸引外国投资、促进拉脱维亚的商业发展，同时增强拉脱维亚企业在国内和国外市场上的竞争力。拉脱维亚投资发展署致力于改善商务环境和为企业提供需要的商业服务，其工作重点是致力于增强拉脱维亚企业的竞争力并进一步吸引外资。

黎巴嫩

一、国家地理等概况

黎巴嫩共和国面积 10452 平方公里。人口约 585 万（世界银行 2015 年统计数据），绝大多数为阿拉伯人。阿拉伯语为官方语言，通用法语、英语。54% 的居民信奉伊斯兰教，主要是什叶派、逊尼派和德鲁兹派；46% 的居民信奉基督教，主要有马龙派、希腊东正教、罗马天主教和亚美尼亚东正教等。

二、产业情况

黎巴嫩实行自由、开放的市场经济，私营经济占主导地位。黎巴嫩内战前曾享有金融、贸易、交通和旅游中心的盛名，但 16 年内战加之以色列入侵，造成直接和间接经济损失约 1650 亿美元。2008 年国际金融危机爆发以来，由于黎巴嫩国内金融体系与国际经济联系较弱，且黎巴嫩中央银行灵活运用外汇和黄金储备应对得当，黎巴嫩平稳度过了危机，经济逆势增长。根据世界银行最新的统计数据，2015 年的主要经济数字如下：国内生产总值为 471 亿美元，人均国内生产总值为 8050 美元，国内生产总值同比增长 1.5%。货币名称：黎巴嫩镑。

（一）资源

矿产资源少，开采不多。矿藏主要有铁、铅、铜、褐煤和沥青等。

（二）工业

黎巴嫩工业基础相对薄弱，以加工业为主。主要行业有非金属制造、金属制造、家具、服装、木材加工、纺织等。从业人数约 20 万，占黎巴嫩劳动力的 7%，是仅次于商业和非金融服务业的第三大产业。

（三）农业

农业欠发达。全国可耕地面积24.8万公顷，其中灌溉面积10.4万公顷。牧场36万公顷，林地面积79万公顷。贝卡谷地为黎巴嫩主要的农业区，可耕地面积占黎全国的52%。农产品以水果和蔬菜为主。黎粮食生产落后，主要靠进口，作物有大麦、小麦、玉米、马铃薯等。经济作物有烟草、甜菜、橄榄等。近年来，黎巴嫩葡萄种植业发展很快，年产葡萄酒600万~700万瓶，出口额约1200万美元。

（四）旅游业

黎巴嫩原为中东旅游胜地。内战前，每年入境旅客达200万人次，旅游收入占国民收入的20%以上。内战期间，旅游业一蹶不振。战后黎政府曾将振兴旅游业作为重建计划的重要组成部分，但近年来黎以冲突及安全形势不稳再次影响了旅游业的振兴。黎巴嫩现有各类星级饭店398家。主要旅游景点有腓尼基时代兴建的毕卜鲁斯城、古罗马时代兴建的巴尔贝克城和十字军时代兴建的赛达城堡。此外，北部的雪山有很多滑雪场，吸引了大量游客。

（五）财政金融

贝鲁特曾是中东的金融中心，外汇和黄金可自由买卖。全国有72家银行，其中商业银行65家。黎巴嫩银行多为私人所有，其中较大的有奥狄银行、黎巴嫩—法国银行、毕卜鲁斯银行等。2012年，黎外汇储备达478.7亿美元。

（六）对外贸易

外贸在黎国民经济中占重要地位，政府实行对外开放与保护民族经济相协调的外贸政策。出口商品主要有蔬菜、水果、金属制品、纺织品、化工产品、玻璃制品和水泥等。主要贸易对象是美国、中国、法国、意大利、德国等。

三、黎巴嫩对外国投资合作的政策

优惠政策：《投资法》将黎巴嫩划分为三个投资区（均在贝鲁特以外），每个区提供不同的激励政策。该法律在技术、信息、电信、媒体、旅游业、工业和农业等领域鼓励投资行为。激励政策包括：①帮助外国人获得工作证；②各种税收激励，从开始营业起（即开具第一张发票起）的五年内减免 50% 的所得税和红利税，最多十年内全额免除所得税和红利税；③对那些将 40% 的股份放在贝鲁特证券交易所的公司免除两年的所得税。《投资法》允许针对大型投资项目可量身制定"一揽子激励政策"，"一揽子激励政策"不限定项目地点，包括长达 10 年的免税政策，建筑费用和工作证费用的减免，以及房地产登记费的全额免除。

旅游业优惠政策：黎巴嫩鼓励旅游业的投资，对本地不能生产的宾馆设备只征收 6% 的关税（折旧期不少于 10 年），进口旅游大巴士的关税为 6%；政府通过中央银行向旅游业提供贷款利息支持；旅游公司在政府的参与下可获得 50000 平方米的土地（外国公司按有关法律另行处理）；欧洲投资银行可为贝鲁特市以外地区的宾馆建设提供 3000 万欧元的贷款等。

农业项目优惠政策：对农业机械进口和农产品加工原料只征收 6% 的关税；在特定条件下给予农业从业者税收豁免；向中小农业项目提供贷款支持等。

四、黎巴嫩能够给中国企业提供投资合作咨询的机构

黎巴嫩主管投资的部门是投资发展局，受总理直接领导的投资主管部门，有权对新的投资项目授予许可，并有权对重大的投资项目给予特别激励、免税及便利条件。

五、已在黎巴嫩落地的部分中国企业和项目

（一）落地企业

华为技术有限公司、中兴通讯股份有限公司、司和安福贸易公司（合资）、中国水电建设集团国际工程有限公司。

（二）落地项目

2016 年 3 月 18 日，移动运营商 Touch 公司 4.5G 网络部署签约，华为公司和诺基亚公司作为项目实施方与 Touch 公司签署合作协议。

立陶宛

一、国家地理等概况

立陶宛位于波罗的海东岸,北接拉脱维亚,东连白俄罗斯,南邻波兰,西濒波罗的海和俄罗斯加里宁格勒州。国境线总长 1644 公里,海岸线长 90 公里。属海洋性向大陆性过渡气候。最高点海拔 293.6 米。1 月份平均气温为 –1℃,7 月份平均气温为 19℃。立陶宛国土面积 6.53 万平方公里,森林和水资源丰富。人口 291 万(世界银行 2015 年统计数据),其中立陶宛族占 84.2%,波兰族占 6.6%,俄罗斯族占 5.8%。此外,还有白俄罗斯、乌克兰、犹太等民族。官方语言为立陶宛语,多数居民懂俄语。主要信奉罗马天主教,此外还有东正教、新教路德宗等。2016 年,立陶宛的 GDP 总计 427.39 亿美元,人均 GDP 为 14880 美元。

二、立陶宛能够给中国企业提供投资合作咨询的机构

立陶宛对外贸易主管部门主要是经济部和外交部。其中经济部主要负责改善国内商业和投资环境、促进立陶宛企业出口、促进企业创新、监管国有企业、利用欧盟结构基金援助、监管政府采购、发展旅游业;负责纺织品双边监管体制、进口配额和第三国纺织品及钢铁产品进口申请的管理;确保立陶宛本国外贸、关税等相关法规与欧盟有关规定相符;负责两用物资进出口的监管及相关出口许可证的颁发。外交部主要负责会同经济部制定本国对外贸易政策;参与欧盟针对第三国贸易保护措施案件的调查和决策,就有关案件起草立陶宛本国立场报告,协助涉案企业维护自身的利益。

马其顿

一、国家地理等概况

马其顿位于巴尔干半岛的中部。西邻阿尔巴尼亚，南接希腊，东接保加利亚，北部与塞尔维亚接壤。气候以温带大陆性气候为主，大部分农业地区夏季最高气温达40℃，冬季最低气温为–30℃，西部受地中海气候的影响，平均气温为27℃，全年平均气温为10℃。面积25713平方公里。人口207.8万（世界银行2015年统计数据）。主要民族为马其顿族（64.18%），阿尔巴尼亚族（25.17%），土耳其族（3.85%），吉卜赛族（2.66%）和塞尔维亚族（1.78%）。官方语言为马其顿语。居民多信奉东正教，少数人信奉伊斯兰教。

二、产业情况

马其顿独立后，经济深受前南危机的影响，后又因国内安全形势恶化再遭重创。近年来，随着国内外环境的改善和各项改革措施的推进，马其顿经济有所恢复和发展。根据世界银行最新的统计数据，2015年的主要经济数字如下：国内生产总值为109亿美元，人均国内生产总值为5237美元，国内生产总值同比增长3.7%。

马其顿的矿产资源比较丰富，有煤、铁、铅、锌、铜、镍等，其中煤的蕴藏量为1.25亿吨。还有非金属矿产碳、斑脱土、耐火黏土、石膏、石英、蛋白石、长石以及建筑装饰石材等。森林覆盖率为35%。

（一）工业

2013年，工业产值约为23.02亿美元，占国内生产总值的22.5%，同比增长6.5%。主要工业部门有矿石开采、冶金、化工、电力、木材加工、食品加工等。

（二）农业

2013 年，农业产值约 9.17 亿美元，占国内生产总值的 9.0%，同比增长 0.5%。耕地面积为 32.33 万公顷，其中可耕种面积为 28.28 万公顷，农作物面积 21.5 万公顷，果树面积 7797 公顷，葡萄面积 16895 公顷，其他面积 43138 公顷。

（三）服务业

2013 年，服务业产值为 55.91 亿美元，占国内生产总值的 54.7%，同比增长 2.1%。服务业从业人员 10226 人。旅游服务单位共有 2272 个，其中饭店 94 个，汽车旅馆 31 个，饭馆 329 个，咖啡馆 281 个，酒吧 227 个。

（四）旅游业

2010 年，旅游业的收入约 7300 万欧元，占国内生产总值的 1.05%。2010 年，酒店餐饮业从业人口 21573 人，占从业人口的 3.3%。主要旅游设施有旅馆、浴场、私人小旅馆、汽车宿营地等。主要旅游区是奥赫里德湖、斯特鲁加、多伊兰湖、莱森、马弗洛沃山和普雷斯帕湖等地。

（五）交通运输

马其顿的交通以铁路和公路为主。

铁路：2006 年铁路总长 696 公里，其中电气化铁路 234 公里。2010 年，铁路客运量 151.2 万人次，货运量 309.7 万吨。

公路：2006 年公路总长为 13736 公里。2009 年，公路客运量 1347.4 万人次，货运量 3478.2 万吨。

空运：主要机场是斯科普里机场和奥赫里德机场。2010 年，航空客运量 719796 人次，货运量 2005 吨。

三、马其顿对外国投资合作的政策

除军事工业、武器交易、麻醉品交易、受保护的文物交易等领域外，其他投资领域均对外开放。马其顿吸引外国直接投资的重点行业有：纺织、皮革、鞋、水果和蔬菜种植、羊肉、食品处理和包装、葡萄酒、烟草、旅游、钢铁、化工和医药生产、车辆组装、电气设备、建筑、基础设施建设、银行业、电讯业和其他服务行业。马其顿鼓励外资在汽车零部件、IT 产品、农产品加工、医药和医疗健康、成衣、纺织和皮革、能源、旅游、化工、建筑和房地产等领域内投资。

银行业：有关银行业，马其顿对国外资本投入无法律限制。《银行法》规定，获取 75% 的银行股份须得到国民银行的批准。

保险业：《保险监管法》要求国外投资者在购买涉及保险事业管理权的股票时，必须取得保险业监管机构的同意。

广播公司：根据《广播法》规定，外国人参与广播公司的投资比例不能超过 25%。

四、马其顿对外经贸关系

2015 年 11 月，中国与马其顿签署了《关于中国从马其顿输入冷冻羔羊肉的检疫和兽医卫生条件议定书》。

马其顿经济规模虽小，但属于开放型经济，政府一直为吸引国外直接投资采取积极措施。国外投资者在法律上不仅享有和国内商人相同的地位，而且还能够因为投资获得许多资金支持。与此同时，该国还签订了一系列的双边投资保护条约和其他多边协定，因而实施了对国外投资者的更高保护标准。

五、马其顿能够给中国企业提供投资合作咨询的机构

（一）马其顿驻中国大使馆

网址：www.fmprc.gov.cn

（二）中国商务部研究院海外投资咨询中心

网址：www.caitec.org.cn

六、已在马其顿落地的部分中国企业和项目

华为技术有限公司马其顿子公司，中兴通讯股份有限公司马其顿子公司，中国水电建设集团国际工程有限公司马其顿分公司，中国水利电力总公司马其顿分公司，中元国际工程有限公司马其顿项目部，太平洋建设集团马其顿办事处。

马尔代夫

一、国家地理等概况

印度洋上的群岛国家。距离印度南部约 600 公里，距离斯里兰卡西南部约 750 公里。南北长 820 公里，东西宽 130 公里。由 26 组自然环礁、1192 个珊瑚岛组成，分布在 9 万平方公里的海域内，其中 200 个岛屿有人居住。岛屿平均面积为 1 ~ 2 平方公里，地势低平，平均海拔为 1.2 米。位于赤道附近，具有明显的热带气候特征，无四季之分。年降水量 2143 毫米，年平均气温 28℃。总面积 9 万平方公里（含领海面积），陆地面积 298 平方公里。人口 40.9 万（世界银行 2015 年统计数据），均为马尔代夫族。民族语言和官方语言为迪维希语，上层社会通用英语。伊斯兰教为国教，属逊尼派。

二、产业情况

根据世界银行最新的统计数据，2015 年的主要经济数字如下：国内生产总值为 31.4 亿美元，人均国内生产总值为 7681.1 美元，国内生产总值同比增长 1.5%。货币名称：拉菲亚（又称卢菲亚）。旅游业、渔业和船运业是三大支柱产业。

（一）工业

仅有小型船舶修造，以及海鱼和水果加工、编织、服装加工等手工业。

（二）农业

土地贫瘠，农业较落后。椰子生产在农业中占重要地位，约有 100 万棵椰子树。其他农作物有小米、玉米、香蕉和木薯。随着旅游业的扩大，蔬菜和家禽养殖业开始发展。2013 年，农业产值为 3.68 亿拉菲亚，占 GDP 约 1.7%。

（三）渔业

国民经济的重要组成部分，吸收就业的主要渠道。渔业资源丰富，盛产金枪鱼、鲣鱼、鲛鱼、龙虾、海参、石斑鱼、鲨鱼、海龟和玳瑁等。鱼类主要出口中国、日本、斯里兰卡、新加坡等地。2014 年，渔业产值为 3.42 亿拉菲亚，占 GDP 的 1.5%。

（四）旅游业

旅游业已成为第一大经济支柱，旅游收入对 GDP 的贡献率多年保持在 30% 左右。现有 112 个旅游岛，2.77 万张床位，入住率达 69%，人均在马尔代夫停留时间 5.7 天。2014 年，旅游收入 66 亿拉菲亚，占 GDP 的 29%。2015 年，外国赴马游客 123.4 万人次，同比增长 2.4%。

（五）交通运输

岛屿之间主要交通工具为船舶。汽车、自行车为主要陆上交通工具。海运业主要经营香港到波斯湾和红海地区及国内诸岛间的运输业务。中国、斯里兰卡、印度、新加坡、阿联酋、南非及一些欧洲国家有定期航班飞往马累。2014 年，运输和通讯业产值约 45.6 亿拉菲亚，占 GDP 的 20.1%。

三、马尔代夫对外国投资合作的政策

马尔代夫外国投资法规未对外资不允许进入的行业作出规定，行业管理鼓励利用当地劳动力或者当地无法生产或利用外国先进技术和资源的投资项目。

允许行业投资如下：财务顾问业务，审计业务，保险业务，水上体育活动，商业潜水（海上救助），国内航空运输，航空公司的餐饮服务，大鱼拖钓船，技术支持服务（影印机、电梯、ATM 机），服装制造，水生产、装瓶、配送，公共关系咨询、社论、广告和翻译服务，水泥包装和配送，航空公司和水运航线的普通代理商、乘客代理商、货物代理商，温泉经营管理，水处理厂，船，软件开发和相关支持服务，融资租赁服务，水产加工，传统医疗服务，水下摄影摄像产品和明信片，冰块制作，特色餐厅，专业企业评估，航空学校，IT 系统综合实现服务。

除个别行业外，原则上马尔代夫对外国投资方式没有限制。根据马尔代夫政府有关规定,渔业捕捞禁止外资进入,零售业须与当地人合资经营。

马尔代夫尚无专门关于外资开展建设—运营—转让(BOT)的法规。已实施的 BOT 项目很少,但为促进外资进入,马尔代夫政府正在尝试推行 BOT 方式,如太阳能发电项目、污水处理项目、填海造地、跨海大桥项目等,特许经营年限并不固定。

目前,在马尔代夫曾实施的 BOT 项目为马累国际机场项目,但现已被终止。2010 年,马尔代夫前政府与印度 GMR 集团签署了马累机场建设—运营合同,将马累国际机场交由 GMR 集团运营,GMR 集团负责实施机场扩建,期限 25 年。2012 年年底,马尔代夫现政府以该合同有关条款未经过议会批准为由,宣布该合同非法,命令 GMR 集团撤离,并重新接管了该机场。

四、马尔代夫对外经贸关系

中马经贸合作关系始于 1981 年。1982 年,两国恢复直接贸易。

[双边贸易]中马贸易基本上为中国对马出口,自马进口很少。据中国海关统计,2015 年中马双边贸易额 1.7 亿美元,同比增长 65.6%。

[中马自贸协定]2015 年 12 月,中马自贸协定首轮谈判在马累成功举行。截至目前,中马自贸谈判已经开展三轮,双方就货物贸易、服务贸易、投资、原产地规则、海关程序和贸易便利化、技术性贸易壁垒和卫生与植物卫生措施、经济技术合作及法律问题等议题进行了深入磋商,取得了积极成果。双方表示,希望加速谈判进程,尽早签署中马自贸协定。

[对马投资]据中国商务部统计,截至 2015 年末,中国对马尔代夫直接投资存量 237 万美元。

[承包劳务]据中国商务部统计,2015 年中国企业在马尔代夫新签承包工程合同 2 份,新签合同额 45431 万美元,完成营业额 14380 万美元;当年派出各类劳务人员 163 人,年末在马尔代夫的劳务人员为 252 人。

五、马尔代夫能够给中国企业提供投资合作咨询的机构

(一)中国驻马尔代夫大使馆

网站:mv.chineseembassy.org

（二）马尔代夫中资企业协会

中国企业在马尔代夫尚未建立相关商协会。

（三）马尔代夫驻中国大使馆

网站：www.maldivesembassy.cn

（四）马尔代夫投资促进机构

网址：www.trade.gov.mv

（五）中国商务部研究院海外投资咨询中心

网址：www.caitec.org.cn

六、已在马尔代夫落地的部分中国企业和项目

（一）落地企业

北京城建集团，东方电气集团公司。

（二）落地项目

北京城建集团（马尔代夫马累国际机场改扩建项目），东方电气集团公司（马尔代夫柴油机发电及海水淡化项目，电站项目）。

摩尔多瓦

一、国家地理等概况

摩尔多瓦位于东南欧北部的内陆国,与罗马尼亚和乌克兰接壤,东、南、北被乌克兰环绕,西与罗马尼亚为邻。面积3.38万平方公里,人口355.4万(世界银行2015年统计数据),其中摩尔多瓦族占75.8%,乌克兰族占8.4%,俄罗斯族占5.9%,加告兹族占4.4%,罗马尼亚族占2.2%,保加利亚族占1.9%,其他民族占1.4%。官方语言为摩尔多瓦语,俄语为通用语。多数人信奉东正教。

二、产业情况

摩尔多瓦是传统的农业国,葡萄种植和葡萄酒酿造业发达。摩独立后,经济形势持续恶化,2000年经济开始回升,2009年在全球金融危机中,摩经济遭受严重打击,国内生产总值下降6.5%。2010年起,摩经济保持恢复性增长。根据世界银行最新的统计数据,2015年的主要经济数字如下:国内生产总值为65亿美元,人均国内生产总值为1843.2美元,国内生产总值同比下降0.5%。

主要有建筑材料、磷钙石、褐煤等。地下水资源丰富,约有2200个天然泉。森林覆盖率为9%,主要树种有柞树、千金榆树、水青冈树等。野生动物有獐、狐狸和麝鼠等。

(一)工业

2011年,工业生产总值约为330亿摩列伊(约合28亿美元),同比增长7.4%。其中,采掘业同比增长17.1%,加工业同比增长8.9%,电力与热力同比下降4.6%。

(二)农业

2011年,农业生产总值约为221亿摩列伊(约合18.8亿美元),同比增长 4.6%。其中，农作物同比增长 6.7%，畜产品同比增长 0.4%。

（三）旅游业

2011 年，摩旅行社共接待游客 18.46 万人次。其中，境外游客 1.08 万人次，同比增长 20.5%，游客主要来自罗马尼亚（14.8%），俄罗斯（13.0%），乌克兰（11.0%），德国（9.3%），美国（5.2%）；出境游 13.61 万人次，同比增长 16.1%，主要目的地国为土耳其（37.3%），保加利亚（31.9%），罗马尼亚（9.4%），乌克兰（8.6%）；境内游 3.78 万人次，同比增长 6.1%。

（四）交通运输业

摩尔多瓦以铁路和公路运输为主。2011 年，货物运输量为 984.3 万吨，同比增长 16.8%，其中铁路 455.3 万吨，同比增长 18.2%，公路 514.0 万吨，同比增长 15.6%。

三、摩尔多瓦对外国投资合作的政策

2004 年新颁布的《摩尔多瓦企业投资活动法》规定外国投资者可向除军事领域外的任何领域投资。目前，摩尔多瓦重点招商引资的经济部门和行业是：农业，特别是农产品的收获、贮藏和加工行业；动力工程；电网建设；供水及治污系统建设；铁路、公路等交通基础设施的建设。

投资手段：①可自由兑换货币或者是摩尔多瓦银行买入的其他货币（银行间的结算货币）；②机器、技术设备、办公设备；③财产或非财产所有权，包括专利发明（专利、工业发明、商业和生产领域的发明创造和技术许可等）。

投资方式：从事企业活动的外国个人和法人实体，以及在所在国和永久居住地注册的各种团体均可在摩尔多瓦所在经济部门组建企业、开设股份公司，直接投资或购买企业股份以及股票和其他证券、知识产权等。外国投资人在经摩尔多瓦经济和财政部的批准以后，可以购置国家债券。外国投资者可以投资摩私有化项目。经摩尔多瓦政府批准以后，外国投资人可以在摩尔多瓦境内进行自然资源的勘探、开采和加工。

四、摩尔多瓦对外经贸关系

摩尔多瓦独立之初，中国和摩尔多瓦于 1992 年签署了第一个政府间经贸协定，中摩两国间贸易开始单独统计。据摩尔多瓦海关统计，1992年中摩贸易额为35万美元。目前，中国与摩尔多瓦未签署货币互换协议。

2016年4月18日，中国和摩尔多瓦签署中摩经济技术合作协定。

1999年8月，中摩经济贸易合作委员会成立，双方签署了《中摩合作委员会工作条例》。2013年11月，在基希纳乌召开了中摩双边经贸混委会第六次会议。2014年12月，在北京召开了中摩双边经贸混委会第七次会议。

五、摩尔多瓦能够给中国企业提供投资合作咨询的机构

（一）中国驻摩尔多瓦大使馆经商参处

电话：00373-22222257，225500，213072

（二）摩尔多瓦驻中国大使馆

网址：www.fmprc.gov.cn

（三）摩尔多瓦投资和出口促进组织

电话：00373-22242111，214066

（四）中国商务部研究院海外投资咨询中心

网址：www.caitec.org.cn

六、已在摩尔多瓦落地的部分中国企业和项目

华为公司、中兴公司等中资企业。

蒙古国

一、国家地理等概况

蒙古国总面积 156.65 万平方公里。喀尔喀蒙古族约占全国人口的 80%，此外还有哈萨克等少数民族。主要语言为喀尔喀蒙古语。居民主要信奉喇嘛教。首都位于乌兰巴托。人口 295.9 万（世界银行 2015 年统计数据）。年平均气温为 1.6℃。

二、产业情况

国家经济以畜牧业和采矿业为主，曾长期实行计划经济。畜牧业是传统经济部门，国民经济的基础。2011 年，牲畜总数为 3630 万头，增长 11%。根据世界银行最新的统计数据，2015 年的主要经济数字如下：国内生产总值为 117.5 亿美元；人均国内生产总值为 3973.4 美元；国内生产总值同比增长 2.3%。

地下资源丰富。现已探明的有铜、钼、金、银、铀、铅、锌、稀土、铁、萤石、磷、煤、石油等 80 多种矿产。全国森林覆盖率为 8.2%。

（一）畜牧业

截至 2014 年底，蒙牲畜存栏量共计约 5197.04 万头，同比增长 15.1%。其中马、牛、骆驼、绵羊、山羊五种主要牲畜存栏量、增幅和在牲畜总数中所占比重分别为：马 299.52 万头，同比增长 14.4%，占牲畜总量的 5.8%；牛 341.28 万头，同比增长 17.3%，占牲畜总量的 6.6%；骆驼 34.93 万头，同比增长 8.6%，占牲畜总量的 0.7%；绵羊 2320.95 万头，同比增长 15.7%，占牲畜总量的 44.7%；山羊 2200.36 万头，同比增长 14.4%，占牲畜总量的 42.3%。畜牧业生产仍以自然放养为主，现阶段难以实现大规模、现代化生产，受自然气候和牲畜影响较大。

（二）矿产业

矿产业是蒙古国经济发展的重要支柱。2014 年，矿产业总值 6.69 万亿图（图即蒙古国流通货币图格里克，约合 36.80 亿美元），同比增长 22.5%，占工业总产值的 68.7%。2014 年，蒙古国矿产品出口占出口总额比重的 83.0%。

（三）加工业

蒙古国工业起步较晚，以畜牧业产品为主要原料的轻工业和食品加工业在蒙古国工业部门占有一定地位，此外还有部分基础的矿产业加工。2014 年加工业总值 2.28 万亿图（约合 12.54 亿美元），同比增长 19.4%，占工业总值的 24.5%。

（四）旅游业

蒙全国有旅游基地、大小宾馆、饭店约 700 家。从事旅游服务的公司约 500 家，主要宾馆有乌兰巴托饭店、巴彦高勒饭店、成吉思汗饭店、大陆酒店等，主要旅游点有哈尔和林古都、库苏古尔湖、特列尔吉旅游点、成吉思汗旅游点、南戈壁、东戈壁和阿尔泰狩猎区等。

（五）财政金融

2011 年，蒙古中央财政预算收入和受援额约 5.4 万亿图，总支出和偿还外债总额为 6.0 万亿图。截至 2013 年 5 月，蒙外汇储备 33.9 亿美元。蒙古银行：1924 年成立，行长卓勒加尔格勒。蒙古贸易开发银行：1990 年成立，行长梅德勒。2002 年 5 月，该行实现了私有化，其 76% 的国有股被瑞士和美国合资的财团以 1223 万美元收购。

（六）对外贸易

同 146 个国家和地区有贸易关系，实行经济开放政策。近年来，积极发展同西方发达国家和亚洲国家的经贸合作，2012 年外贸总额 111.2 亿美元，下降 2.6%，出口 43.8 亿美元，下降 9%，进口 67.4 亿美元，增长 2.1%。

主要出口矿产品、纺织品和畜产品等；主要进口矿产品、机器设备、食品等。主要贸易伙伴为中国、俄罗斯、欧盟、加拿大、美国、日本、韩国等。20 世纪 90 年代以来，蒙古开始对外投资，但投资额很小。1992 年起蒙古开始对华投资。1990 至 2011 年间，共有中、俄、日、美、韩等 70 多个国家和地区的企业向蒙直接投资，投资累计约 98.3 亿美元。主要投资部门为矿山、轻工、畜产品加工、商业、建筑等。

三、蒙古国对外国投资合作的政策

1951 年，中国与蒙古国建立贸易关系，曾长期采取记账贸易方式开展贸易活动。1991 年，两国政府签订了新的贸易协定，以现汇贸易取代了政府间记账贸易。1991 年 8 月，中、蒙签订了《关于鼓励和相互保护投资协定》、《关于对所得避免双重征税和防止偷漏税的协定》，并均于 1993 年 1 月 1 日生效实施。2008 年 6 月签署了《中国与蒙古国经济贸易合作中期发展纲要》，规划了未来五年的中蒙经贸合作。2014 年 8 月，习近平主席访蒙期间，中国商务部同蒙古国经济发展部共同签署了新的《中国与蒙古国经济贸易合作中期发展纲要》，提出力争到 2020 年实现双边贸易额突破 100 亿美元的目标。蒙古总统额勒贝格道尔吉于 2015 年 11 月 9 日至 11 日对华进行国事访问。访问期间，习近平主席同额勒贝格道尔吉总统举行会谈，并共同见证中蒙 11 项双边合作文件签署。其中，10 项涉及中蒙重点经贸合作项目，内容涵盖经济技术、食品安全、基础设施建设、航空、能源、金融等领域。

四、蒙古国对外经贸关系

1. 中国与蒙古国签署双边投资保护协定

1991 年 8 月 26 日，中蒙两国签署了《中华人民共和国政府和蒙古人民共和国政府关于鼓励和相互保护投资协定》，为发展两国的经济合作和友好关系，在相互尊重主权和平等互利原则的基础上开展投资合作创造了良好的条件。

2. 中国与蒙古国签署避免双重征税协定

1991 年 8 月 26 日，中蒙两国签署了《中华人民共和国政府和蒙古人民共和国政府关于对所得避免双重征税和防止偷漏税的协定》。

3. 中国与蒙古国签署的其他协定

中蒙两国还签署了多项其他投资贸易协定，如 1985 年的《中蒙边境贸易议定书》、1991 年的《中蒙政府贸易协定》、2014 年的《中华人民共和国政府与蒙古国政府经贸合作中期发展纲要》、《中华人民共和国与蒙古国经济技术合作协定》等。

五、蒙古国能够给中国企业提供投资合作咨询的机构

（一）中国驻蒙古国大使馆经商参处

电话：00976-11-320955，或 00976-11-323940 转经商参处（24 小时）

（二）中国驻扎门乌德总领馆

电话：00976-70527277

（三）蒙古国中华总商会

电话：00976-11-481869

（四）蒙古国驻中国大使馆

网址：www.mongolembassychina.org

（五）中国商务部研究院海外投资咨询中心

网址：www.caitec.org.cn

六、已在蒙古国落地的部分中国企业和项目

大庆石油国际工程公司承建 2014 年蒙古塔木察格石油工程技术服务及地面工程建设项目；江苏江都建设集团有限公司承建奥尤陶勒盖 K320SWP002-005 项目。

黑　山

一、国家地理等概况

黑山位于欧洲巴尔干半岛的中西部，东南与阿尔巴尼亚，东北与塞尔维亚相连，西北与波黑和克罗地亚接壤，西南地区濒临亚得里亚海东岸，海岸线长 293 公里。气候依地形自南向北分为地中海气候、温带大陆性气候和山地气候。1 月份平均气温为 5℃，7 月份平均气温为 25℃。面积 1.38 万平方公里。人口 62 万（世界银行 2015 年统计数据），其中黑山族占 44.98%，塞尔维亚族占 28.73%，波什尼亚克族占 8.65%，阿尔巴尼亚族占 4.91%。官方语言为黑山语。主要宗教是东正教。2016 年，GDP 总计 41.73 亿美元，人均 GDP 为 6701 美元。

二、黑山对外国投资合作的政策

对固定资产投资的纳税人可减免所得税，其减免数额为投资额的 25%，最多不得超过当年应缴税额的 30%。在经济不发达地区从事生产活动的新法人，自其经营活动开始起，减免三年的企业所得税。新成立的法人作为一个非政府组织可免除 4000 欧元的所得税，条件是将其收入用于再投资。

三、已在黑山落地的部分中国企业和项目

中国路桥工程有限责任公司、上海电力（马耳他）控股有限公司、中国中化集团公司。

中国在黑山最大的投资是建设高速公路。经过 15 个月的谈判协商，2014 年 2 月，黑山政府与中国路桥工程有限责任公司签订了修建黑山南北高速公路 Bar—Boljari 的一期工程合同（41 公里，占项目总长度的 25%）。

上海电力（马耳他）控股有限公司利用自身技术、资金、管理等优势，

积极开拓黑山的清洁能源市场，在黑山沿海投资兴建风电场项目。

黑山普兰特兹葡萄酒集团和中国中化集团公司代表就葡萄酒的出口、生产原材料的进口签订了合作协议。

缅 甸

一、国家地理等概况

缅甸联邦共和国面积 676578 平方公里。人口约 5389.7 万（世界银行 2015 年统计数据），共有 135 个民族，主要有缅族、克伦族、掸族、克钦族、钦族、克耶族、孟族和若开族等，缅族约占总人口的 65%。各少数民族均有自己的语言，其中克钦、克伦、掸和孟等族有文字。华人华侨约 250 万。全国 85% 以上的人信奉佛教，约 8% 的人信奉伊斯兰教。首都位于内比都，人口约 92 万。海岸线长 3200 公里。属热带季风气候，年平均气温为 27℃。

二、产业情况

缅甸自然条件优越，资源丰富。1948 年独立后到 1962 年实行市场经济，1962 年到 1988 年实行计划经济，1988 年后实行市场经济。2011 年缅甸新政府上台后，大力开展经济领域改革，积极引进外资，确立了四项经济发展援助，包括加强农业发展、工业发展、省邦平衡发展、提高人民生活水平等。根据世界银行最新的统计数据，2015 年的主要经济数字如下：国内生产总值为 648 亿美元，人均国内生产总值为 1203.5 美元，国内生产总值同比增长 7%。货币名称：缅币。

（一）资源

矿产资源主要有锡、钨、锌、铝、锑、锰、金、银等，宝石和玉石在世界上享有盛誉。石油和天然气在内陆及沿海均有较大蕴藏量。据缅甸能源部统计，缅甸共有 49 个陆上石油区块和 26 个近海石油区块，原油储量 32 亿桶、天然气储量 89 万亿立方英尺。森林、水利资源丰富，伊洛瓦底江、钦敦江、萨尔温江三大水系纵贯南北，但由于缺少水利设施，尚未得到充分利用。

（二）工业

2011—2012 财年，缅甸工业产值约占国民生产总值的 26%。主要工业有石油和天然气开采、小型机械制造、纺织、印染、碾米、木材加工、制糖、造纸、化肥和制药等。

（三）农业

农业为国民经济的基础，农业产值占国民生产总值的四成左右。主要农作物有水稻、小麦、玉米、花生、芝麻、棉花、豆类、甘蔗、油棕、烟草和黄麻等。2011 年，缅甸出口大米 844200 吨，创收 3.24 亿美元。2012—2013 财年（截至 2013 年 2 月底）已出口大米 130 万吨，其中 80% 销往中国，预计全财年大米出口有望达到 150 万吨。畜牧渔业以私人经营为主。缅甸政府允许外国公司在划定的海域内捕鱼，向外国渔船征收费用。

（四）旅游

风景优美，名胜古迹多，主要景点有世界闻名的仰光大金塔、文化古都曼德勒、万塔之城蒲甘、茵莱湖水上村庄以及额布里海滩等。政府大力发展旅游业，积极吸引外资，建设旅游设施。较著名的饭店有：仰光的喜多娜酒店、茵雅湖酒店、商贸酒店、皇家公园酒店；内比都的妙多温酒店、丁格哈酒店、阿玛拉酒店；曼德勒的喜多娜饭店、曼德勒山酒店；蒲甘的丹岱饭店、蒲甘饭店等。根据缅甸酒店和旅游部统计数据，2012 年，到缅甸旅游的游客近 106 万人，比 2011 年的 81 万增长 29.72%，其中游客来源国排名前五分别为泰国、中国、日本、韩国和马来西亚。

（五）金融

缅甸有五家国有银行，分别为：缅甸中央银行（1948 年成立，前身为缅甸联邦银行，1990 年改称中央银行）、缅甸农业银行（1953 年成立）、缅甸经济银行（1967 年成立）、缅甸外贸银行（1967 年成立）和缅甸投资与商业银行（1989 年成立）。从 1992 年起，允许私人开办银行，近年开始允许外国银行在缅甸设立代表处。主要的私人银行 19 家：妙瓦底银行、甘波扎银行、合作社银行、伊洛瓦底银行、亚洲绿色发展银行、佑玛银行、环球银行和东方银行等。目前已有中国工商银行、越南投资与发展银行等 20 余家外国银行在缅甸设有代表处。

（六）对外贸易

缅甸的主要贸易伙伴有中国、泰国、新加坡和印度。缅甸主要出口商品有：天然气、大米、玉米、各种豆类、水产品、橡胶、皮革、矿产品、木材、珍珠、宝石等；主要进口商品：燃油、工业原料、化工产品、机械设备、零配件、五金产品和消费品。

三、缅甸对外国投资合作的政策

优惠政策：《外国投资法》提供了很多激励和担保措施。如：按照《外国投资法》批准的企业将享受 5 年免税期，其中包括企业开始商业运营的当年。如果企业申请，而且投资委认为项目符合国家利益，也可将免税期延长。

行业鼓励政策：缅甸政府鼓励外商企业投资能够促进当地就业、增加出口、无污染的加工制造型企业。对于符合外商投资领域的加工制造，外商企业可向政府或缅甸私营企业、个人租赁土地，在签订土地租赁协议后，直接去缅甸投资管理委员会（ MIC ）申请注册外资公司。一般情况下，在填报资料提交后 2 周，MIC 可给外商企业颁发外资企业注册执照。

四、缅甸能够给中国企业提供投资合作咨询的机构

（一）中国驻缅甸大使馆经商参处

网址：mm.mofcom.gov.cn （中文）；mm2.mofcom.gov.cn （英文）

（二）缅甸驻中国大使馆

网址：www.fmprc.gov.cn

（三）中国商务部研究院海外投资咨询中心

网址：www.caitec.org.cn

五、已在缅甸落地的部分中国企业和项目

（一）落地企业

中石油东南亚管道公司、中石化、中国电力投资公司、大唐（云南）水电联合开发有限公司、云南联合电力、汉能集团、长江三峡集团、中国水电建设集团、中色镍业、北方工业、中国机械进出口总公司等。

（二）落地项目

2014 年，海洋石油工程有限公司承建的缅甸 AZWTIKA 总包项目；云南小额边境企业汇总承建中国怒江贡山县—缅甸葡萄县友谊公路；中国中材国际工程股份有限公司承建缅甸 5000t/d 水泥生产线；中石油东南亚管道公司与缅甸共同投资合作的中缅油气管道项目；中石化与缅甸共同投资合作的缅甸油气区块勘探项目。

尼泊尔

一、国家地理等概况

内陆山国，位于喜马拉雅山南麓，北邻中国，其余三面与印度接壤。全国分北部高山、中部温带和南部亚热带三个气候区。北部冬季最低气温为零下41℃，南部夏季最高气温为45℃。面积147181平方公里，人口约2851万（世界银行2015年统计数据）。尼泊尔语为国语，上层社会通用英语。多民族、多宗教、多种姓、多语言国家。86.2%的居民信奉印度教，7.8%的居民信奉佛教，3.8%的居民信奉伊斯兰教，2.2%的居民信奉其他宗教。

二、产业情况

尼泊尔是农业国，经济较落后。根据世界银行最新的统计数据，2015年的主要经济数字如下：国内生产总值为208亿美元，人均国内生产总值为732.3美元，国内生产总值同比增长3.4%。货币名称：尼泊尔卢比。

有铜、铁、铝、锌、磷、钴、石英、硫黄、褐煤、云母、大理石、石灰石、菱镁矿、木材等，均只得到少量开采。水力资源丰富，水电蕴藏量为8300万千瓦，约占世界水电蕴藏量的2.3%。其中2700万千瓦可发展水力发电。

（一）工业

基础薄弱，规模较小，机械化水平低，发展缓慢，以轻工业和半成品加工为主，主要有制糖、纺织、皮革制鞋、食品加工、香烟和火柴、黄麻加工、砖瓦生产和塑料制品等。

（二）农业

农业人口占总人口约70%。耕地面积为325.1万公顷。主要种植大米、甘蔗、茶叶和烟草等农作物，粮食自给率达97%。

（三）旅游业

地处喜马拉雅山南麓，自然风光旖旎，气候宜人，徒步旅游和登山业比较发达。2013 年，尼泊尔接待游客 79.6 万人，创造工作岗位 50.4 万。赴尼泊尔旅游的主要为亚洲游客，其中以印度、中国游客居多，其次为西欧和北美游客。

（四）交通运输

以公路和航空为主。公路约 25000 公里，有各类机场 45 个，直升机停机坪 120 个。除首都有一个国际机场外，其余为简易机场。全国有一家国营的尼泊尔航空公司、6 家私营航空公司和一家私营直升机公司。国内主要城镇有班机通航。同中国、印度、巴基斯坦、泰国、孟加拉国、文莱、新加坡、阿拉伯联合酋长国、德国和英国等国家和地区通航。

水运：卡拉奇和卡西姆是两个国际港口，承担尼泊尔 95% 的国际货运量。

空运：尼泊尔国际航空公司有民航飞机 44 架，飞往 38 个国际机场和 24 个国内机场。航线总长 34.59 万公里。5 个国际机场分别在伊斯兰堡、卡拉奇、拉合尔、白沙瓦和木尔坦。

三、尼泊尔对外国投资合作的政策

根据尼泊尔工业局 2005 年 6 月发布的《外国在尼泊尔投资程序》规定，除个别规定行业外，外国投资者可在任何行业投资和技术转让；外国投资者可在大中小规模企业拥有 100% 的股份；外国投资需获批准。2015 年 3 月，尼泊尔内阁签署新的产业政策，提出 5 个优先和鼓励发展的领域：水电领域、交通领域的基础设施建设、农基领域（如食品、草药加工）、旅游和矿业。同时减少不对外国投资开放的行业数量，开放新的领域。

按照尼泊尔相关政策法规，以下行业不对外开放：①家庭手工业；②军事工业；③房地产（指的是买卖房产，不包括建筑开发商）；④货币及涉密印刷业；⑤放射性物质；⑥家禽、渔业、蜂蜜等初级农产品生产；⑦部分旅游业，徒步、高山向导、挑夫；⑧投资低于 50 亿卢比的多品牌零售商店；⑨大众传媒（广播、电视、报纸）。

尼泊尔不对外开放的家庭手工业的范围如下：手摇纺织机、脚踏织布机、半自动织布机、纺线机、印染、裁缝（成衣除外）、针织、手工针织绒毛毯、羊毛地毯、围巾、羊绒外衣、木工、木制艺术品、藤条竹子手工制品、天然纤维制品、手工造纸和以此为材料的制品、黄金、金银铜和宝石为材料的饰品、雕刻和陶器、蜂蜜、豆类加工、黏土和陶器制品、皮革加工、皮革制品生产、种植黄麻、棉线产品、羊或牛角制品、石头雕刻、陶器艺术制品、小型服装销售店、熏香制品、洋娃娃和 20 万卢比以下固定资产的玩具厂（不含土地和建筑）。

四、尼泊尔对外经贸关系

1964 年 11 月 22 日，中尼两国政府签署了贸易协定，经过几次修订，目前执行的是 1981 年签署的第四个贸易协定，即《中华人民共和国政府和尼泊尔国王陛下政府贸易和支付协定》。2001 年 5 月 14 日，中尼两国政府签订了《避免双重征税协定》，并于 2010 年 12 月 31 日正式生效。近年来，中尼贸易发展迅速，尼泊尔已成为中国通往南亚市场的重要通道。2013 年 7 月 1 日，中国对尼泊尔正式实施 95% 零关税优惠政策，涵盖 7831 个税目商品。2014 年 12 月 5 日，两国签署中国对尼泊尔 97% 税目产品输华零关税待遇的换文，涵盖 8030 个税目商品。

2014 年 12 月 17 日，中尼签署了《中华人民共和国商务部和尼泊尔政府财政部关于在中尼经贸联委会框架下共同推进"丝绸之路经济带"建设的谅解备忘录》。

2016 年 3 月 21 日，尼泊尔总理访华期间，中尼两国政府签署了《中尼过境货物运输协定》和《关于启动中尼自贸协定谈判可行性研究的备忘录》。

［双边贸易］2015 年，中尼双边贸易额为 8.66 亿美元，同比下降 62.8%。其中，中方出口 8.34 亿美元，同比下降 63.5%；中方进口 0.32 亿美元，同比下降 32%。

［投资］据中国商务部统计，2015 年当年中国对尼泊尔直接投资流量 7888 万美元。截至 2015 年末，中国对尼泊尔直接投资存量 2.92 亿美元。

目前，在尼泊尔投资的中资企业超过 100 家，主要集中在水电站、航空、餐饮、宾馆、矿产、中医诊所、食品加工等行业。由于尼泊尔投资环境存在诸多的不稳定因素，中国对尼泊尔的投资尚处于起步阶段，大多数投资的企业是小型私营企业。

　　［承包劳务］据中国商务部统计，2015 年中国企业在尼泊尔新签承包工程合同 33 份，新签合同额 26188 万美元，完成营业额 25302 万美元；当年派出各类劳务人员 1359 人，年末在尼泊尔劳务人员达 1077 人。

　　2014 年 12 月 23 日，为进一步加强中尼两国金融合作，双方签署了《中国人民银行和尼泊尔国家银行双边结算与合作协议补充协议》。根据该协议，尼泊尔央行允许尼泊尔当地各银行及金融结构在中国境内开立人民币账户并使用人民币作为业务清算货币。

　　［货币兑换］目前，中国与尼泊尔尚未签署货币互换协议。

五、尼泊尔能够给中国企业提供投资合作咨询的机构

（一）中国驻尼泊尔大使馆经商参处

网址：np.mofcom.gov.cn

（二）尼泊尔驻中国大使馆

网址：www.fmprc.gov.cn

（三）尼泊尔投资促进机构

网址：www.pakboi.gov.pk

（四）中国商务部研究院海外投资咨询中心

网址：www.caitec.org.cn

六、已在尼泊尔落地的部分中国企业和项目

　　伊斯兰堡：中国移动尼泊尔公司，中巴联合投资公司，华为技术尼泊尔公司，中兴电信尼泊尔公司，中原对外工程公司，中国水利电力对外公司，中国建筑工程有限公司，中国建材工业对外经济技术合作公司，新疆北新建设工程集团公司，中国路桥工程有限责任公司，中国机械对外经济技术合作公司，中油工程建设（集团）公司，中油东方地球物理（尼泊尔）公司，中油测井公司，四川石油管理局，振华石油控股有限公司，南方航空公司，华信邮电咨询设计研究院有限公司，北方工业公司，中国航空技术进出口公司，新疆道路桥梁工程总公司，上海神开石油科技有限公司办事处，河南送变电建设公司，上海建工集团，中国通信服务尼泊尔公司。

拉合尔：拉姆—轻骑摩托车有限公司，海尔尼泊尔工业园，上广电—RUBA 电子有限公司，中国水利水电建设集团，东方电气集团公司，华中电力集团国际经贸有限公司，哈尔滨电站工程公司，中国葛洲坝集团股份有限公司，中国电线电缆进出口联营公司，北方国际电力公司，辽宁国际公司，四川电力进出口公司，山东巨菱拖拉机组装厂，海的建材有限公司，EPS 包装公司（青岛裕鲁），西域尼泊尔有限公司，杭州中控办事处。

费萨拉巴德：泰华电讯（尼泊尔）合资公司。

苏斯特：新疆外运巴中苏斯特口岸有限公司。

卡拉奇：中国冶金集团资源开发公司，中国港湾工程公司，中国机械设备进出口公司，中国机械进出口公司，中国化学工程公司，中国地质工程公司，中国首钢国际贸易工程公司，中国远洋—萨意卡拉奇有限公司，长春第一汽车制造厂，大连机车，北京国际经济技术合作公司，广西国际公司，丹东海顺远洋渔业有限公司，上海水产公司，山西运城制版有限公司，天狮国际尼泊尔有限公司，中国国际航空公司，上海对外经济技术公司，TCL 公司，力帆集团有限公司。

阿 曼

一、国家地理等概况

阿曼苏丹国面积 30.95 万平方公里。人口 449 万（世界银行 2015 年统计数据），其中阿曼人约占 70%。伊斯兰教为国教，90% 的居民属逊尼派伊巴德教派。官方语言为阿拉伯语，通用语言为英语。

二、阿曼对外国投资合作的政策

阿曼优惠政策主要由地域和行业两个层面构成。总体而言，阿曼鼓励在信息技术、旅游、加工制造、农牧渔业、采矿、医疗、私有化项目及在自南区和工业区的投资。

行业投资政策包括：①对于鼓励行业，可提供低息贷款；②制造业和战略工业投资项目进口的机械设备、零配件、原材料、半成品在生产期前 5 年免关税，原材料和半成品免征关税可再延长 5 年；③在自由区、IT 园和工业区投资，外资可拥有 100% 的股份；④对外资部分拥有股权的工业和旅游投资项目，提供免息长期贷款；⑤产品可免税进入海湾合作委员会成员国以及大阿拉伯自由贸易区的 17 个阿拉伯国家；⑥免征企业所得税 5 年，并可再延长 5 年；⑦提供出口信用保险。

一般性投资项目，外国投资比例不得超过 49%，项目最低投资额为 39 万美元。经商工大臣批准，外国投资比例可放宽至 70%。对于个别对国民经济发展具有重要作用的投资项目，经商工大臣推荐，内阁批准，外国投资比例可达 100%，但投资额不少于 130 万美元。阿曼对外国投资实行"国民待遇"，所有外国投资者享有与阿曼当地投资者同等待遇，可以与阿曼企业或个人合资经营，也可以合资注册，独立经营。没有相关外资收并购等法律。

三、已在阿曼落地的部分中国企业和项目

（一）落地企业

山东电力建设三公司、中国建材装备有限公司、中国石油下属 BGP 公司、长城钻探工程有限公司、中国石化国际工程公司、华为公司等。

（二）落地项目

2016 年 5 月 23 日，阿曼与中国企业签署了一项建设杜古姆港工业区的投资协议，总规模达 107 亿美元（约合人民币 701.22 亿元）。据阿曼对媒体公开的协议内容，到 2022 年前中国企业将对该工业区投资 107 亿美元，包括修建一座日处理原油 23 万桶的石油提炼厂，及共同投资建设包括水泥厂、石油化工厂与太阳能企业在内的多个项目；华为技术有限公司承建阿曼电信；中国武夷实业股份有限公司承建阿曼水产养殖场项目；中建材集团进出口公司承继 OCC 改造项目等。

巴基斯坦

一、国家地理等概况

巴基斯坦位于南亚次大陆西北部。东接印度，东北与中国毗邻，西北与阿富汗交界，西邻伊朗，南濒阿拉伯海，海岸线长 980 公里。除南部属热带气候外，其余属亚热带气候。南部湿热，受季风影响，雨季较长；北部地区干燥寒冷，有的地方终年积雪。年平均气温 27℃。面积 796095平方公里（不包括巴控克什米尔地区）。人口 1.89 亿（世界银行 2015 年统计数据）。巴基斯坦是多民族国家，其中旁遮普族占 63%，信德族占 18%，帕坦族占 11%，俾路支族占 4%。乌尔都语为国语，英语为官方语言，主要民族语言有旁遮普语、信德语、普什图语和俾路支语等。95% 以上的居民信奉伊斯兰教（国教），少数信奉基督教、印度教和锡克教等。

二、产业情况

巴基斯坦经济以农业为主，农业产值占国内生产总值的 21%。受国内政局不稳、国际金融危机冲击、国际大宗商品价格上扬等因素影响，2008年巴基斯坦经济形势持续恶化。2009 年以来，在巴基斯坦自身调整努力和国际社会的帮助下，巴基斯坦经济运行中的积极因素增多，重要经济指数较前有所好转。2010 年，巴基斯坦发生历史罕见特大洪灾，经济损失达460 亿美元。根据世界银行最新的统计数据，2015 年的主要经济数字如下：国内生产总值为 2699.7 亿美元，人均国内生产总值为 1429 美元，国内生产总值同比增长 5.5%。货币名称：巴基斯坦卢比。

主要矿藏储备有：天然气 4920 亿立方米、石油 1.84 亿桶、煤 1850 亿吨、铁 4.3 亿吨、铝土 7400 万吨，还有大量的铬矿、大理石和宝石，森林覆盖率为 4.8%。

（一）工业

最大的工业部门是棉纺织业，其他还有毛纺织、制糖、造纸、烟草、制革、机器制造、化肥、水泥、电力、天然气、石油等。

（二）农业

2014—2015 财年，巴基斯坦农业增长率为 2.9%。主要农产品有小麦、大米、棉花、甘蔗等。全国可耕地面积 5768 万公顷，其中实际耕作面积 2168 万公顷。农业人口约占全国人口的 66.5%。

（三）旅游业

发展较慢，旅游者多为定居在欧美的巴基斯坦人和海湾国家的游客。主要旅游点有卡拉奇、拉合尔、拉瓦尔品第、伊斯兰堡、费萨拉巴德和北部地区等。2003 年巴基斯坦正式成为中国公民自费出国旅游目的地国。

（四）交通运输

国内客货运输以公路为主。近年来，公路和空运网的增加远远快于铁路。公路：全长 26 万公里，有各种机动车辆约 941.38 万辆。巴基斯坦公路客运占客运总量的 90%，公路货运占货运总量的 96%。铁路：全长 7791 公里。

水运：卡拉奇和卡西姆是两个国际港口，承担巴基斯坦国际货运量的 95%。

空运：巴基斯坦国际航空公司有民航飞机 44 架，飞往 38 个国际机场和 24 个国内机场。航线总长 34.59 万公里。五个国际机场分别在伊斯兰堡、卡拉奇、拉合尔、白沙瓦和木尔坦。

三、巴基斯坦对外国投资合作的政策

根据巴基斯坦《1976 年外国私人投资（促进与保护）法案》《1992 年经济改革促进和保护法案》以及巴基斯坦投资优惠政策的规定，巴基斯坦所有经济领域向外资开放，外资同本国投资者享有同等待遇，允许外资拥有 100% 的股权。在最低投资金额方面，对制造业没有限制，但在非制造业方面，则根据行业不同有最低要求，服务业（含金融、通讯和 IT 业）最低为 15 万美元，农业和其他行业为 30 万美元。巴基斯坦投资政策规定限制投资的五个领域是：武器、高强炸药、放射性物质、证券印制和造币、酒类生产（工业酒精除外）。此外，由于巴基斯坦是伊斯兰国家，外国企业不得在当地从事夜总会、歌舞厅、电影院、按摩、洗浴等娱乐休闲业。

投资方式的规定：外商可以采取购买股权或者绿地投资等方式在巴基斯坦投资，有关公司管理及上市工作均由巴基斯坦证券与交易委员会负责。

四、巴基斯坦对外经贸关系

中巴经贸合作发展良好。两国自 20 世纪 50 年代初就建立起贸易关系。1982 年 10 月，两国成立了中巴经贸和科技合作联合委员会，至今已召开 14 次会议。2006 年 11 月签署《中巴自由贸易区协定》，2009 年签署《中巴自贸区服务贸易协定》等，以推动实现共同发展。

［双边贸易］中巴贸易有一定互补性，合作空间和潜力较大。

［经贸合作区］2006 年 11 月 26 日，由时任国家主席胡锦涛同志亲自揭牌成立的海尔—鲁巴经济区为中国企业在巴基斯坦投资提供了新的平台。该区位于巴基斯坦第二大城市拉合尔，是中国商务部批准设立的首批"中国境外经济贸易合作区"之一，也是巴政府批准建设的"巴基斯坦中国经济特区"，是中巴五年规划的重点项目之一。该区重点发展的产业为小家电及发电设备、汽车摩托车及配件、化工及包装印刷业等。

［中巴货币互换协议］2011 年 12 月 23 日，中国人民银行与巴基斯坦央行签署了中巴双边本币互换协议，互换规模为 100 亿元人民币 /1400 亿卢比，协议有效期 3 年，经双方同意可以展期。

五、巴基斯坦能够给中国企业提供投资合作咨询的机构

（一）中国驻巴基斯坦大使馆经济商务参赞处

网址：pk.mofcom.gov.cn

（二）中国驻卡拉奇总领事馆经济商务参赞室

网址：karachi.mofcom.gov.cn

（三）巴基斯坦驻中国大使馆

网址：www.fmprc.gov.cn

（四）巴基斯坦投资促进机构

网址：www.pakboi.gov.pk

（五）中国商务部研究院海外投资咨询中心

网址：www.caitec.org.cn

六、已在巴基斯坦落地的部分中国企业和项目

伊斯兰堡：中国移动巴基斯坦公司、中巴联合投资公司、华为技术巴基斯坦公司、中兴电信巴基斯坦公司、中原对外工程公司、中国水利电力对外公司、中国建筑工程有限公司、中国建材工业对外经济技术合作公司、新疆北新建设工程集团公司、中国路桥工程有限责任公司、中国机械对外经济技术合作公司、中油工程建设（集团）公司、中油东方地球物理（巴基斯坦）公司、中油测井公司、四川石油管理局、振华石油控股有限公司、南方航空公司、华信邮电咨询设计研究院有限公司、北方工业公司、中国航空技术进出口公司、新疆道路桥梁工程总公司、上海神开石油科技有限公司办事处、河南送变电建设公司、上海建工集团、中国通信服务巴基斯坦公司。

拉合尔：拉姆—轻骑摩托车有限公司、海尔巴基斯坦工业园、上广电—RUBA 电子有限公司、中国水利水电建设集团、东方电气集团公司、华中电力集团国际经贸有限公司、哈尔滨电站工程公司、中国葛洲坝集团股份有限公司、中国电线电缆进出口联营公司、北方国际电力公司、辽宁国际公司、四川电力进出口公司、山东巨菱拖拉机组装厂、海的建材有限公司、EPS 包装公司（青岛裕鲁）、茂源—HK 巴基斯坦钣金件有限公司、西域巴基斯坦有限公司、杭州中控办事处。

费萨拉巴德：泰华电讯（巴基斯坦）合资公司。

苏斯特：新疆外运巴中苏斯特口岸有限公司。

卡拉奇：中国冶金集团资源开发公司、中国港湾工程公司、中国机械设备进出口公司、中国机械进出口公司、中国化学工程公司、中国地质工程公司、中国首钢国际贸易工程公司、中国远洋—萨意卡拉奇有限公司、长春第一汽车制造厂、大连机车、北京国际经济技术合作公司、广西国际公司、丹东海顺远洋渔业有限公司、上海水产公司、山西运城制版有限公司、天狮国际巴基斯坦有限公司、中国国际航空公司、上海对外经济技术公司、TCL 公司、力帆集团有限公司。

巴勒斯坦

一、国家地理等概况

根据 1947 年 11 月联合国关于巴勒斯坦分治的第 181 号决议,在巴勒斯坦地区建立的阿拉伯国面积为 1.15 万平方公里。但由于当时阿拉伯国家反对该决议,阿拉伯国未能建立。1948 年,第一次中东战争期间,以色列占领了 181 号决议规定的大部分阿拉伯国领土。1967 年,第三次中东战争期间,以色列占领了该决议规定的全部阿拉伯国领土。1988 年 11 月,巴勒斯坦全国委员会第 19 次特别会议宣告成立巴勒斯坦国,但未确定其疆界。马德里和会后,巴方通过与以色列和谈,陆续收回了约 2500 平方公里的土地。人口 1100 余万人,其中加沙地带和约旦河西岸人口为 435.6 万(2012 年 12 月),其余为在外的难民和侨民。通用语为阿拉伯语,主要信仰伊斯兰教。1988 年 11 月,巴勒斯坦全国委员会第 19 次特别会议通过《独立宣言》,宣布耶路撒冷为巴勒斯坦国首都。目前,巴勒斯坦总统府等政府主要部门均设在拉马拉。

二、产业情况

经济以农业为主,其他有建筑业、加工业、手工业、商业、服务业等。巴勒斯坦经济严重依赖以色列,巴以冲突持续对巴经济发展形成严重制约。2010 年底,世界银行报告认为,巴勒斯坦经济已经达到建立独立国家的水平。2012 年,由于外部财政援助未能及时到位、以色列持续对巴封锁等原因,巴勒斯坦出现严重财政困难。根据世界银行最新的统计数据,2014 年的主要经济数字如下:国内生产总值为 250 亿美元,人均国内生产总值为 2960 美元。

(一)工业

巴勒斯坦的工业水平很低,规模较小,主要是加工业,如塑料、橡胶、化工、食品、石材、制药、造纸、印刷、建筑、纺织、制衣、家具等。

（二）农业

四季分明，农产品丰富，农业是巴勒斯坦经济支柱。水果、蔬菜和橄榄（油）是外贸出口的重要部分。可耕地面积约为 16.6 万公顷。从事农业的劳动力约占劳动力总数的 20%。

（三）旅游

巴勒斯坦气候宜人，有大量的历史文化古迹，旅游资源丰富。主要旅游城市有耶路撒冷、拉马拉、比拉、伯利恒、杰里科、纳布卢斯、希伯伦、加沙等。

（四）交通运输

公路：有各类公路 5146.9 公里。2000 年以后，由于巴以冲突爆发，巴勒斯坦交通建设陷入停滞。2009 年后，道路等基础设施建设有所恢复并得到一定发展。航空：巴勒斯坦于 1996 年组建民航机构，1998 年 10 月加沙国际机场投入使用，并开通至埃及和约旦的航线。2000 年，巴以冲突爆发后，加沙机场跑道被以色列军摧毁。巴勒斯坦航空公司属巴民族权力机构所有，总部设在埃及阿里什，现有两架支线客机。

波 兰

一、国家地理等概况

波兰地处欧洲中部,北临波罗的海,南接捷克和斯洛伐克;东邻白俄罗斯,西接德国;东北和东南部则与俄罗斯、立陶宛以及乌克兰接壤。国土面积31.27万平方公里,75%在海拔200米以下,全境地势平坦、广阔,河湖密布。波兰属海洋性向大陆性气候过渡的温带阔叶林气候。气候温和,冬季寒冷潮湿,平均气温为-10℃~5℃;春、秋季气候宜人、雨水充沛;夏季凉爽,平均温度为15℃至24℃。据世界银行2015年统计数据,波兰目前的全国人口为3799万人。

二、产业情况

2014年第一、二、三产业分别占GDP的比重为:3.0%、22.27%和74.73%。2015年投资、消费和出口占GDP的比例分别为:20.1%、76.7%和49.36%。

(一)工业

2000年以来,波兰钢铁产业经历了衰退、重组、恢复和发展几个时期。2008年2月,欧盟委员会公布了关于加强冶金企业竞争力的公报,对保持和加强钢铁企业的竞争力以及加强建筑、汽车、造船等产业的附加值提出了完整的产业指导意见,并与2020年实现减排目标的战略挂钩。

(二)农业

波兰是欧洲农业大国。根据波兰中央统计局2016年公布的年鉴数据,波兰2015年农业用地1868.3万公顷,其中耕地占73.4%。2014年农业总产值为1053.4亿兹罗提,同比降低2.3%,占GDP的6.13%。

(三)旅游业

波兰自然风光优美,历史文化遗产丰富。近年来,赴波兰旅游人数持续增加。波兰2007年加入申根协定后，跨境旅游更为便利。重点旅游城市包括华沙、克拉科夫和格但斯克等。2014年波兰接待的国外游客为547万人次，同比增加4.3%。

（四）交通运输

近年来，波兰对基础设施投入不断加大，交通运输网络、港口设施的运行能力等得到改善。2007—2015年，波兰国家发展规划将基础设施建设列为首要任务，2007—2013年欧盟援助资金中约194亿欧元用于发展基础设施建设。

公路：2014年底，硬面公路28.8万公里，密度91.2公里/百平方公里。高速公路总长1556公里，快速公路总长1448公里。

铁路：截至2014年底，波兰运营的铁路线共有1.924万公里，密度6.2公里/百平方公里，高于欧盟平均水平，全部为标准轨距，电气化铁路1.183万公里。

空运：波兰现有13个国际机场，其中12个为地区级空港，重要空港位于华沙、克拉科夫、格但斯克、波兹南、弗罗茨瓦夫和卡托维茨。

三、波兰对外经贸关系

中波经贸关系始于1950年，至今大致经历了三个发展阶段：1950—1989年政府间协定贸易阶段，1990—2003年经贸合作转型和发展阶段，2004年以来中波友好合作伙伴关系框架下新的发展阶段。波兰是中国在中东欧地区最重要的经贸合作伙伴之一，是本地区首个对华贸易额突破100亿美元的国家。

近年来，中波双边贸易快速增长。据中国海关统计，2015年双边贸易额为170.9亿美元，同比下降0.6%。其中，中国对波兰出口143.5亿美元，同比增长0.6%；中国自波兰进口27.4亿美元，同比下降6.6%。波兰是中国在中东欧地区最大的贸易伙伴。据波方统计，2015年中国是波兰在亚洲地区最大的贸易伙伴，第二大进口来源地，波兰自中国进口额占其进口总额的10.4%。

2000年9月，中波签署政府间财政合作协议，波兰向中方提供8500万美元的政府优惠贷款，2007年4月扩大到2.85亿美元。目前该协议已终止。

中国尚未与波兰签署货币互换协议。

四、波兰能够给中国企业提供投资合作咨询的机构

（一）中国驻波兰大使馆经商参处

网址：pl.mofcom.gov.cn

（二）波兰中资企业协会

波兰中资企业协会正在注册中

（三）波兰驻中国大使馆

网址：www.PolandEmbassyChina.net

（四）波兰投资促进机构

网址：www.paiz.gov.pl

（五）中国商务部研究院海外投资咨询中心

网址：www.caitec.org.cn

五、已在波兰落地的部分中国企业和项目

（一）落地企业

中国水电建设集团公司、平高集团、广西柳工。

（二）落地项目

中国水电建设集团公司承建的弗罗茨瓦夫分洪河道整治项目和平高集团承建的波兰国家电网公司输变电项目等；广西柳工收购波兰 HSW 集团民用事业部，将扩大产量并投产新型建筑机械。

卡塔尔

一、国家地理等概况

卡塔尔国面积 11521 平方公里。首都位于多哈，人口 223 万（世界银行 2015 年统计数据），其中卡塔尔公民约占 20%，外籍人主要来自印度、巴基斯坦和东南亚国家。阿拉伯语为官方语言，通用英语。居民大多信奉伊斯兰教，多数居民属逊尼派中的瓦哈比教派，什叶派占全国人口的 16%。

二、产业情况

石油、天然气是卡塔尔的经济支柱。近年来，政府大力投资开发天然气，将其作为经济发展的重中之重，制定了开发天然气的中长期发展规划。卡塔尔还将发展非石油、天然气工业作为实现国民收入多元化和摆脱对石油依赖的主要途径，注重吸引外资和技术；鼓励发展农业，免费向农民提供种子、化肥和农业机械，号召植树造林，扩大耕地面积。根据世界银行最新的统计数据，2015 年的主要经济数字如下：国内生产总值为 1669 亿美元，人均国内生产总值为 74667 美元，国内生产总值同比增长 3.6%。货币名称：卡塔尔里亚尔。

（一）资源

主要有石油和天然气。已探明石油储量为 28 亿吨，居世界第十三位，天然气储量 25.37 万亿立方米，居世界第三位。

（二）工业

主要为石油和天然气部门、相关工业及能源密集型工业，其中包括炼油厂、石化工厂、化肥厂、钢铁厂和水泥厂，同时还建立了一些造纸厂、洗涤剂厂、颜料厂、食品厂和塑料厂等。卡塔尔是中东重要的液化天然气出口国。2011 年，卡塔尔的液化天然气年产能已达 7700 万吨。

（三）农牧渔业

卡塔尔全国可耕地面积为 2.8 万公顷，已耕地 7000 公顷。农牧产品不能自给，粮食、蔬菜、水果、肉蛋奶等主要依赖进口，只有鱼、虾类海产品产量可基本满足本国需求。

（四）交通运输

卡塔尔无铁路，各主要城市之间由现代化公路网相连，全国公路总长为 900 公里。主要海港有多哈港、乌姆赛义德港和拉斯拉凡港，拉斯拉凡港是世界上最新、最大的处理液化天然气的港口。卡塔尔有 5 个机场，多哈国际机场有连接欧洲和亚洲的 20 余条航线。

（五）财政金融

卡塔尔有 14 家商业银行，其中 5 家为卡资银行，分别为：卡塔尔国家银行、多哈银行、卡塔尔商业银行、卡塔尔国民银行和卡塔尔伊斯兰银行。卡塔尔国家银行吸收了卡塔尔近 50% 的存款，主要经营政府业务。

（六）对外贸易

主要出口产品为石油、液化气、凝析油合成氨、尿素、乙烯等，主要进口产品为机械和运输设备、食品、工业原材料及轻工产品、药品等。主要贸易伙伴有美国、日本及西欧国家。

三、卡塔尔对外国投资合作的政策

《卡塔尔投资法》是卡塔尔对外国投资给予优惠的基本政策框架。卡塔尔对外国投资的优惠包括：

（1）向外国投资者划拨必要用地，以建立投资项目，可通过长期租赁的方式，租赁期不超过 50 年，可以续租。

（2）外国投资者可以根据现行法律为该投资项目进口用于建设、投产或扩展项目所需要的一切。

（3）免税。在《卡塔尔投资法》规定的范围内，免除外国投资资本的所得税，自投资项目投产之日起，免税期不得超过 10 年；对外国投资项目为建设项目所需进口的仪器和设备，可予以免除关税；工业领域的外国投资项目，其为生产所需进口的、本国市场没有的原材料和半成品，可予以免除关税。

（4）外国投资者可将其投资随时汇入和汇出。

（5）无论直接或间接的外国投资，不得征收其所有权，或对其采取具有同等影响力的措施。如根据公共利益采取上述行动，应依法给予适当、快速的补偿。

行业投资政策：对于农业、工业、卫生、教育、旅游、开发和利用自然资源、能源、矿产以及工程咨询与技术服务、信息技术、文体娱乐服务、配送服务等行业的外国投资，卡塔尔各部委大臣有权决定外国投资者可持有项目投资总额 49% 以上直至 100% 的股份。

投资行业的规定：卡塔尔鼓励外国投资者在农业、工业、卫生、教育、旅游、自然资源、能源及采矿业的开发和利用等领域投资，允许外国投资者的股份超过项目资本的 49%，直至 100%，但要符合本国的发展规划。重点扶持那些可实现最有效利用本国现有原材料的项目和出口工业，可提供新产品、使用新技术的项目，致力于把具有国际声誉的产业国产化的项目，以及重视人才本土化并使用本国人才的项目。除非获得特别许可，禁止外国投资者在卡塔尔银行业、保险公司及商业代理和房地产等领域进行投资。

四、卡塔尔对外经贸关系

［双边贸易］中卡自 20 世纪 50 年代开始进行民间贸易。中卡双边贸易近年来发展顺利，2013 年双边贸易额已突破 100 亿美元。但受油气价格下降等因素影响，2015 年中卡双边贸易出现下滑。

［双向投资］目前，中卡两国双边投资总体规模不大，但发展势头良好。据中国商务部统计，2015 年当年中国对卡塔尔直接投资流量 1.41 亿美元。截至 2015 年末，中国对卡塔尔直接投资存量 4.50 亿美元。

［货币互换协议］2014 年 11 月，卡塔尔埃米尔访华期间，中国人民银行与卡塔尔央行签署了 350 亿元人民币的双边本币互换协议，该协议有效期为三年，经双方同意可展期，多哈人民币清算中心正式启动。同时，卡塔尔获得 300 亿元人民币合格境外机构投资者额度。这是中国首次向中东国家开放国内资本市场。

［经贸联委会机制］中卡已于 1993 年建立政府间经贸联委会机制。目前，中国正在与包括卡塔尔在内的海湾合作委员会进行自由贸易协定谈判，中国与海合会表示将致力于 2016 年内达成全面自由贸易协定。

五、卡塔尔能够给中国企业提供投资合作咨询的机构

（一）中国驻卡塔尔大使馆经商参处

电话：00974-44110151

（二）卡塔尔驻中国大使馆

电话：010-65322231/2/3

（三）中国商务部研究院海外投资咨询中心

网址：www.caitec.org.cn

六、已在卡塔尔落地的部分中国企业和项目

（一）落地企业

中国水电海湾区域总部、中国港湾工程公司、华为投资有限公司卡塔尔分公司、葛洲坝集团卡塔尔分公司、中建股份卡塔尔公司、工商银行多哈分行。

（二）落地项目

中国电力建设股份有限公司承建连接经开区海水淡化厂管道项目；中国港湾工程有限责任公司承建卡塔尔 2 号供水管线项目；中国港湾工程有限责任公司承建卡塔尔新港海军码头等。

罗马尼亚

一、国家地理等概况

罗马尼亚位于巴尔干半岛的东北部。北部和东北部分别与乌克兰和摩尔多瓦为邻，南部与保加利亚接壤，西南部和西北部分别与塞尔维亚和匈牙利接壤，东南临黑海。海岸线245公里，为温带大陆性气候。平均气温1月份为−3℃～1℃，7月份为22℃～24℃。面积238391平方公里，人口1983万（世界银行2015年统计数据）。罗马尼亚族占89.5%，匈牙利族占6.6%，罗姆族（即吉卜赛人）占2.5%，日耳曼族和乌克兰族各占0.3%，其余民族为俄罗斯、塞尔维亚、斯洛伐克、土耳其、鞑靼等，占0.8%。官方语言为罗马尼亚语，主要少数民族语言为匈牙利语。主要宗教有东正教（信仰人数占总人口数的86.7%）、罗马天主教（4.7%）、新教（3.2%）。

二、产业情况

1989年东欧剧变后，罗马尼亚开始由计划经济向市场经济过渡，2000—2008年经济连年增长。受国际金融危机的影响，2009年、2010年经济一度出现负增长。2011年后，经济企稳回升，根据世界银行最新的统计数据，2016年的主要经济数字如下：国内生产总值为1867亿美元，人均国内生产总值为9474美元，国内生产总值同比增长3.7%。

罗马尼亚的矿藏有石油、天然气、煤、铝土矿、金、银、铁、锰、锑、盐、铀、铅等，森林面积为633万公顷，约占全国面积的28%，水力资源蕴藏量为565万千瓦。内河和沿海产多种鱼类。

（一）工业

罗马尼亚的主要工业部门有冶金、石油化工和机器制造。2010年，工业总值比上年下降5.5%。

（二）农业

2010 年，粮食产量为 1657 万吨。全国农业面积 1480 万公顷，其中耕地面积 940 万公顷。森林面积 635 万公顷，森林覆盖率为 27.3%。

（三）服务业

2010 年，罗马尼亚的服务业产值同比增长 13.7%。

（四）旅游业

罗马尼亚的旅游资源比较丰富，主要旅游景点有布加勒斯特，黑海海滨，多瑙河三角洲，摩尔多瓦地区，喀尔巴阡山山区等。到 2010 年底有旅行社 3180 个。2010 年，接待外国旅游者 110 万人次，同比下降 7%。

（五）交通运输

罗马尼亚以公路、铁路运输为主。2010 年的交通运输情况如下：

铁路：总长度为 2 万公里。2010 年，铁路货运量 5293 万吨，客运量 6427 万人次。

公路：总长度 8.2 万公里，其中高速公路 332 公里，欧洲级公路 6188 公里。2010 年，公路货运量为 1.7 亿吨，客运量 2.4 亿人次。

水运：河道长 1779 公里，拥有港口 35 个、海港 3 个。2010 年，内河货运量为 3209 万吨，客运量 8.3 万人次；海运货运量为 3812 万吨，客运量 7000 人次。康斯坦察港现已有 100 多个泊位，是黑海第一大港。

空运：已开辟连接首都和国内 17 个城市、欧洲大多数国家的航线。主要航空公司为罗马尼亚航空公司。有 6 个国际机场，最重要的是布加勒斯特的广达国际机场，还有康斯坦察、蒂米什瓦拉、阿拉德、锡比乌、苏恰瓦等机场。2010 年，空运货运量为 2.6 万吨，客运量 1013 万人次。

三、罗马尼亚对外国投资合作的政策

（一）罗马尼亚的直接投资鼓励法

超过 100 万美元或以等值的列伊或其他可兑换货币体现的新的直接投资，如在发展与预测部登记后的 30 天内实际注入，将享受优惠：①投资所需的技术设备、机器、装备、检测及自动化仪器、软件等的进口，将根据发展和预测部及公共财政部共同批准的清单，免除关税。②进口或从罗购买的投资所需的新物资，在投资的实施到投产这一期间可推迟缴纳增值税至投资投产后的下月 25 日。

此外，根据本法实现的新投资可享受相当于投资总额 20% 的税务减免，减免额按当月实现的投资额计算，方法是将投资计入征税声明中规定的可减免金额。如发生财务亏损，亏损额将从以后 5 年的可征利润中补偿。

（二）罗马尼亚向贫困地区投资的优惠政策

为了缓解严重失业现象和鼓励国内外的投资活动，促进该地区的经济发展，罗政府以法令、法规形式颁布了以下对贫困地区投资的优惠政策。

免税范围：①投资项目所需进口的机器、设备、装置、交通工具及其他可折旧物资免征关税和增值税；②投资项目所需罗国产机器、设备、装置、交通工具及其他可折旧物资免征增值税；③在贫困地区存在的整个期限内（一般为 3 ~ 5 年）免征利润税；④投资所需占用农田或改变其原有用途者免征相关税费。

退税范围：投资项目生产所需进口的原材料及零部件退还进口关税。

其他扶持政策：①政府从年度特别发展基金中提取部分专款鼓励该地区的出口活动；②对政府决议批准的专项计划项目提供资金；③对国外信贷提供担保等。

四、罗马尼亚对外经贸关系

20 世纪 90 年代中期以来，中罗两国政府签订《中华人民共和国政府和罗马尼亚政府关于鼓励和相互保护投资协定》《关于〈中华人民共和国政府和罗马尼亚政府鼓励和相互保护投资协定〉的附加议定书》《中华人民共和国政府和罗马尼亚政府关于避免双重征税和防止偷漏税的协定》《中华人民共和国政府和罗马尼亚政府经济合作协定》《中华人民共和国政府与罗马尼亚政府关于加强基础设施领域合作协定》等，构筑了双边经贸关系的法律框架。近年来，中罗经贸关系发展势头良好。

五、罗马尼亚能够给中国企业提供投资合作咨询的机构

（一）中国驻罗马尼亚大使馆经商参处

网址：ro.mofcom.gov.cn/

（二）罗马尼亚外国投资和公私合营促进署

网址：www.dpiis.gov.ro

（三）罗马尼亚国家工商会

网址：ccir.ro/en/

（四）罗马尼亚驻中国大使馆

网址：beijing.mae.ro

（五）中国商务部研究院海外投资咨询中心

网址：www.caitec.org.cn

六、已在罗马尼亚落地的部分中国企业和项目

中国土木，中烟国际，中国建筑，中交建，中兴，华为，中海运，中远，中广核，中节能，山东宁建，运城制版，DHS体育用品，中国水电，华电工程，信诺科技，苏利国际，国开行，郑氏国际，城市花园开发公司。

俄罗斯

一、国家地理等概况

俄罗斯横跨欧亚大陆，东西最长9000公里，南北最宽4000公里。邻国：西北面有挪威、芬兰；西面有爱沙尼亚、拉脱维亚、立陶宛、波兰、白俄罗斯；西南面是乌克兰；南面有格鲁吉亚、阿塞拜疆、哈萨克斯坦；东南面有中国、蒙古和朝鲜；东面与日本和美国隔海相望。海岸线长33807公里。大部分地区处于北温带，以大陆性气候为主，温差普遍较大，1月份平均气温为–5 ~ –40℃，7月份平均气温为11℃ ~ 27℃。年降水量平均为150 ~ 1000毫米。面积1709.82万平方公里。人口1.44亿人（世界银行2015年统计数据），民族194个，其中俄罗斯族占77.7%，主要少数民族有鞑靼、乌克兰、巴什基尔、楚瓦什、车臣、亚美尼亚、阿瓦尔、摩尔多瓦、哈萨克、阿塞拜疆、白俄罗斯等族。俄语是俄罗斯联邦全境内的官方语言，各共和国有权规定自己的国语，并在该共和国境内与俄语一起使用。主要宗教为东正教，其次为伊斯兰教。

二、产业情况

受国际原油价格下跌和美国等进行制裁的影响，俄罗斯经济继续呈下滑趋势。根据世界银行最新的统计数据，2015年的主要经济数字如下：国内生产总值为13260亿美元，人均国内生产总值为9057美元，国内生产总值同比下降3.7%。预算赤字约占国内生产总值的4%，通胀率为12.9%，卢布兑美元汇率下降24%。俄政府积极应对，出台反危机计划，实施进口替代政策，2016年起将3年预算编制期改为1年，大幅削减当年的预算开支。2016年1—4月，俄罗斯国内生产总值同比下降1.1%。经济"安全气囊"仍然较为饱满。

俄自然资源十分丰富，种类多，储量大，自给程度高。国土面积居世界第一位。森林覆盖面积 880 万平方公里，占国土面积的 51%，居世界第一位。木材蓄积量为 821 亿立方米。天然气已探明蕴藏量为 48 万亿立方米，占世界探明储量的 35%，居世界第一位。石油探明储量 109 亿吨，占世界探明储量的 13%。煤蕴藏量为 2016 亿吨，居世界第二位。铁蕴藏量为 556 亿吨，居世界第一位。铝蕴藏量 4 亿吨，居世界第二位。铀蕴藏量占世界探明储量的 14%。黄金储量 1.42 万吨，居世界第四至第五位。此外，俄还拥有占世界探明储量 65% 的磷灰石和 30% 的镍、锡。

（一）工业

近年来，俄政府大力发展基础设施、加工业、服务业和运输业，但俄经济发展仍高度依赖自然资源的出口。2012 年，俄工业生产增长 2.6%。

（二）农业

2012 年，俄粮食减产，全年粮食产量为 7091 万吨，同比减少 24.5%，农业总产值为 31904 亿卢布，同比减少 4.7%。主要粮食作物有小麦、大麦、黑麦、燕麦、玉米、大米、豆类。经济作物以亚麻、向日葵和甜菜为主。畜牧业主要为养牛、养羊、养猪业。

（三）服务业

2012 年，俄服务业同比增长 3.5%，增幅较大的行业为住宿业（12.6%）、体育（9%）、疗养保健（7.9%）、通讯（6.0%），文化、教育、运输等增长缓慢，均不超过 1%。

（四）旅游业

旅游作为俄罗斯的新兴产业，近年来显示出巨大的活力和发展前景。2012 年 3 月，时任俄总统的梅德韦杰夫曾指出，俄有能力使游客流量翻番，每年接收至少 7000 万名国内外游客，努力将旅游业收入提升至世界水平即占国内生产总值的 10.4% 左右。为此，俄采取了一系列政策措施，大力发展本国的旅游产业。

（五）交通运输

各类运输方式俱全，铁路、公路、水运、航空都起着重要作用。根据俄罗斯联邦统计局数据，2012 年客运周转量 5325 亿人公里，货运量 85.19

亿吨，货运周转量达 5.05 万亿吨公里，同比增长 2.8%。

铁路：截至 2011 年底，俄铁路网总运营里程为 12.2 万公里。2012 年，俄铁路客运周转量为 1446 亿人公里，同比增长 3.4%；客运量 10.59 亿人次，同比增长 6.6%。货运量 14.21 亿吨，同比增长 2.8%，货物周转量 2.22 万亿吨公里，同比增长 4.4%。

公路：截至 2011 年底，俄公路网总里程 109.4 万公里。2012 年，公路客运周转量 1464 亿人公里，货运周转量 2490 亿吨公里，同比增长 11.76%。

水运：截至 2011 年底，俄拥有海运客货船 2750 艘，内河客货船 3.06 万艘。主要海港位于波罗的海、黑海、太平洋、巴伦支海、白海等，包括摩尔曼斯克、圣彼得堡、符拉迪沃斯托克、纳霍德卡、新罗西斯克等。2012 年，海运货运周转量 1260 亿吨公里，海洋客运量 110 万人次，内河客运量 1400 万人次。

空运：2009 年底，机场总数 232 个，其中国际机场 71 个，主要机场有莫斯科的谢列梅杰沃国际机场、伏努科沃 1 号国际机场、多莫杰多沃机场、圣彼得堡国际机场、下诺夫哥罗德机场、新西伯利亚机场、叶卡捷琳堡机场、哈巴罗夫斯克机场等。现有航空公司 46 家，其中年运力超过 100 万人次的大型航空公司有 11 家。2012 年，俄航空客运量 7600 万人，同比增加 15%；货运量 120 万吨，与去年持平；货运周转量 51 亿吨公里，同比增加 2%。

管道运输：目前，俄石油、天然气输送管道总长超过 24.6 万公里。2012 年，输油气总量 10.96 亿吨。2010 年，中俄原油管道全线贯通，11 月 1 日开始试运行，2011 年 1 月 1 日起投入商业运营。2011 年，俄罗斯"北溪"天然气管道建成输气，开辟了绕开乌克兰直接向欧洲输气的新途径。2012 年，管道运输货运周转量 2.45 万亿吨公里，同比增长 1%。

三、俄罗斯对外国投资合作的政策

投资行业的规定：①禁止的行业。赌博业、人寿保险业。②限制的行业。主要包括：国防军工、核原料生产、核反应堆项目的建设运营、用于武器和军事技术生产必需的特种金属和合金的研制生产销售、宇航设施和航空器研究、密码加密设备研究、天然垄断部门的固定线路电信公司、联邦级的地下资源区块开发、水下资源、覆盖俄罗斯领土一半区域的广播媒体、发行量较大的报纸和出版公司等。③鼓励的行业。俄罗斯政府鼓励外商直接投资领域大多是传统产业，如石油、天然气、煤炭、木材加工、建材、建筑、交通和通信设备、食品加工、纺织、汽车制造等行业。

投资优惠：①优惠政策框架：根据《俄罗斯联邦外国投资法》规定，在外国投资者对俄罗斯联邦政府确定的优先投资项目（主要涉及生产领域、交通设施建设或基础设施建设项目）进行投资时，且投资总额不少于 10 亿卢布，将根据《俄罗斯联邦海关法典》和《俄罗斯联邦税法典》的规定对外国投资者给予相应进口关税和税收的优惠。②行业鼓励政策：俄罗斯政府鼓励的外商直接投资领域大多是传统产业，如石油、天然气、煤炭、木材加工、建材、建筑、交通和通信设备、食品加工、纺织、汽车制造等行业。③地区鼓励政策：俄罗斯各地区、州、边疆区、共和国分别根据本地区的不同情况，分别制定地方法律和法规，对外国投资实行不同的减免税的优惠政策，以吸引外国投资者对本地区进行投资活动。

四、俄罗斯对外经贸关系

近年来，中俄经贸合作总体发展趋势良好。

［双边贸易］据中国海关统计，2015 年，中俄贸易额 680.6 亿美元，比上年下降 28.6%。其中，中国对俄罗斯出口 347.8 亿美元，同比下降 35.2%；中国自俄罗斯进口 332.8 亿美元，同比下降 20%。

［边境贸易］2015 年，中俄边境贸易额 62.8 亿美元，同比下降 40.9%。其中，中国对俄出口 22.3 亿美元，同比下降 56.8%；自俄进口 40.5 亿美元，同比下降 25.9%。中国对俄边贸出口主要商品为轻纺、农产品和小家电等，进口以原木、原油、化肥、纸浆为主。

［货币互换协议］中俄两国央行于 2014 年 10 月 13 日签订了 1500 亿元人民币（即 8150 卢布）的货币互换协议，有效期为 3 年。

五、俄罗斯能够给中国企业提供投资合作咨询的机构

（一）中国驻大使馆经商参处

中文网站：ru.mofcom.gov.cn

俄文网站：ru2.mofcom.gov.cn

（二）中资企业协会

电话：007-499-9730227

（三）驻中国大使馆

（1）驻中国大使馆

网址：www.fmprc.gov.cn

（2）俄罗斯联邦驻华商务代表处

网址：www.russchinatrade.ru

（四）投资促进机构

网址：www.rspp.ru

（五）中国商务部研究院海外投资咨询中心

网址：www.caitec.org.cn

六、已在俄罗斯落地的部分中国企业和项目

中国石化集团公司驻俄罗斯代表处、中国石化集团公司国际石油勘探开发公司俄罗斯国家公司、中国石化集团公司国际事业（物装）公司俄罗斯公司、中国石油天然气集团公司办事处、俄罗斯中国银行、中国工商银行（莫斯科）股份公司、中国建筑（俄罗斯）有限公司、上海建工北方公司、中远俄罗斯船贸有限公司、中国万达贸易公司、莫斯科海狮有限责任公司、华为技术有限公司（俄罗斯）、上海农安国际贸易有限公司、上海饭店、福耀公司、一汽东欧有限责任公司、三一重工股份有限公司、长城汽车莫斯科代表处、中联重科融资租赁（俄罗斯）有限公司、江淮汽车俄罗斯办事处。

沙特阿拉伯

一、国家地理等概况

沙特阿拉伯王国面积 225 万平方公里。人口 3154 万（世界银行 2015 年统计数据），其中沙特公民约占 70%。伊斯兰教为国教，逊尼派占 85%，什叶派占 15%。官方语言为阿拉伯语。首都位于利雅得，人口约 525 万。

二、产业情况

石油工业是沙特经济的主要支柱。近年来，沙特受益于国际油价的攀升，石油出口收入丰厚，经济保持较快增长。政府大力建设和改造国内基础设施和生产设施，继续推进经济结构多元化、劳动力沙特化和经济私有化，努力发展采矿和轻工业等非石油产业，鼓励发展农业、渔业和畜牧业，积极吸引外资，保护民族经济。2005 年 12 月，沙特正式加入世界贸易组织。2012 年，沙特经济继续保持较快增长，经济全球竞争力排名第 18 位。政府继续追加预算支出，加快经济多元化步伐，加大基础设施建设、卫生、教育等领域投入。根据世界银行最新的统计数据，2015 年的主要经济数字如下：国内生产总值为 6460 亿美元，人均国内生产总值为 20481.7 美元，国内生产总值同比增长 3.5%。货币名称：里亚尔。

（一）资源

石油剩余可采储量 363 亿吨，占世界储量的 19.8%，居世界首位。天然气剩余可采储量 8.2 万亿立方米，占世界储量的 4.1%，居世界第 4 位。此外，还有金、铜、铁、锡、铝、锌、磷酸盐等矿藏。沙特是世界上最大的淡化海水生产国，其海水淡化量占世界总量的 20% 左右。

（二）工业

石油和石化工业是沙特的经济命脉，石油收入占国家财政收入的 70%

以上，占国内生产总值的 42%。 2012 年，沙特的原油产量为 4.9 亿吨。近年来，沙特政府充分利用本国丰富的石油、天然气资源，积极引进国外的先进技术设备，大力发展钢铁、炼铝、水泥、海水淡化、电力工业、农业和服务业等非石油产业，依赖石油的单一经济结构有所改观。

（三）农业

沙特 70% 的面积为半干旱荒地或低级草场，可耕地面积只占土地面积的 1.6%，约 345 万公顷。永久性草地约 378.5 万公顷，占土地面积的 1.9%。森林覆盖率很低，林地面积只占到全部土地的 1.4%。耕地集中分布在降雨量较充沛的西南地区。由于大部分地区降水稀少，沙特农业的发展受到极大限制。尽管沙特在农业生产上不具有优势，但还是取得了可喜的成绩。目前，沙特主要农产品有：小麦、水稻、玉米、椰枣、柑橘、葡萄、石榴等。沙特的谷物自给率比较低，只有 20% 多，依靠大量进口才能满足国内的需求。沙特是世界上最大的大麦进口国，年均进口约 600 万吨。水果自给率达到 60%。畜牧业主要有绵羊、山羊、骆驼等。

（四）财政金融

沙特有商业银行 10 家，其中国民银行、利雅得银行和拉吉希金融投资公司 3 家为本国银行，其余为合资银行。沙特银行业发展良好，绝大多数银行实现盈利，净利润增长 8%。

（五）对外贸易

实行自由贸易和低关税政策。出口以石油和石油产品为主，约占出口总额的 90%，石化及部分工业产品的出口量也在逐渐增加。进口主要是机械设备、食品、纺织等消费品和化工产品。主要贸易伙伴是美国、日本、中国、英国、德国、意大利、法国、韩国等。由于大量出口石油，沙特对外贸易长期保持顺差。

三、沙特阿拉伯对外国投资合作的政策

优惠政策：根据沙特阿拉伯 2003 年颁布的《禁止外商投资目录》，外商投资不得进入的领域包括：石油探测、钻井和生产，军用设备、装置和制服，民用炸药等 3 项制造业；伙食供应，保安和侦探服务，保险业、

在麦加、麦地那的房地产投资，房地产经纪，出版业和电信服务等 16 项服务业。但根据《沙特阿拉伯加入 WTO 工作组报告》，沙特阿拉伯承诺开放包括保险、电信服务、批发和零售业在内的服务业，例如，允许外国人在沙特阿拉伯直接开设保险分支机构或与当地保险公司成立合资保险公司，但外国资本比例不能超过 60%；在基础电信方面，提供具备传输设备电信服务的合资公司的外国资本比例不得超过 49%，2007 年底前不超过 51%，2008 年底前不超过 6%；批发和零售企业外资比例不得超过 51%。

根据《外商投资法》，沙特阿拉伯允许设立外商独资或合资企业。外资企业可以投资除《禁止外商投资目录》规定以外的其他行业。农业项目最低投资额为 2500 万里亚尔（约合 5333 万人民币），工业项目为 500 万里亚尔（约合 1066 万人民币），服务项目为 200 万里亚尔（约合 427 万人民币）。外国投资者不需要寻找当地合伙人，可拥有公司经营所需的财产。外资独资企业可向"沙特阿拉伯工业发展基金会"申请贷款。

沙特投资总局官方网站发布的外商禁止投资目录：①产业领域：a. 石油资源的勘探和生产（但不包括国际分类码 883-5115 项下的矿产领域服务）；b. 军用机械设备及服装生产；c. 民用爆炸物生产。②服务领域：a. 军用物资供给；b. 调查和安全领域；c. 麦加和麦地那不动产投资；d. 与朝觐和小朝觐相关的导游服务；e. 劳务服务；f. 不动产经纪人服务；g. 与印刷和传播法规相关的服务；h. 国际分类码 621 项下规定的有偿商业代理服务；i. 声像服务；j. 陆路运输（除城市内铁路客运外）；k. 护理服务、医疗服务及国际分类码 93191 项下的半医疗服务，鲜活水产捕捞，毒剂中心、m 液银行及卫生检疫机构。最高经济委员会定期核对清单，将逐步对外资开放部分领域。投资总局对此名单中未提及的领域将向外国投资者颁发许可证，投资者向投资总局提交在沙特政府有关部门取得的必要证书，投资总局服务中心向投资者提供帮助。新清单中已经开放了一些新的外资准入领域，其中包括：保险服务，国际编码 96113 项下的电影及录像制品、分配服务、批发贸易包括部分药店在内的零售贸易、除有偿代理外的贸易代理、通讯业、城市间铁路运输业、航空运输业和太空运输。

沙特投资总局在其网站上公布的六大类鼓励性投资行业包括：①以能源为基础的产业：包括原油炼化、石化、化肥、淡化海水与发电业、冶金开矿业等；②运输物流：包括航空、铁路、港口码头、道路、物流等；③信息通信技术产业；④医疗卫生；⑤生命科学；⑥教育。

四、沙特阿拉伯对外经贸关系

［双边贸易］据中方统计，2015 年，双边贸易额 516.6 亿美元，同比下降 25.25%。其中，中国对沙特出口 216.2 亿美元，同比增长 5.05%；中国自沙特进口 300.4 亿美元，同比下降 38.10%。2015 年，中国自沙特进口原油 5055.5 万吨，约占中国原油进口总量的 15%。

2015 年，沙特继续保持为中国在西亚和非洲地区最大的贸易伙伴；2015 年，中国是沙特第一大贸易伙伴。

［双向投资］据中国商务部统计，2015 年当年中国对沙特直接投资流量 4.05 亿美元。截至 2015 年末，中国对沙特直接投资存量 24.34 亿美元。

［能源合作］在油气投资方面，中国与沙特的一系列重大能源合作项目取得实质性进展。2014 年 8 月，中石化集团正式决定参股沙特阿美石油公司在沙特延布年产 2000 万吨的红海炼厂项目。项目设计原油加工能力为 40 万桶 / 日（约 2000 万吨 / 年），以沙特重油作为原料，2016 年 1 月投产。

［承包劳务］在两国政府基础设施建设领域合作协议的助力下，沙特已经成为当前中国最具增长潜力的海外工程承包市场之一。

［中沙工业园区］中沙双方正在积极接触，拟加快步伐推进中沙工业园区建设。

［产能合作协议］2016 年 1 月，习近平主席访沙期间，与沙特签署《中华人民共和国商务部与沙特阿拉伯王国商工部关于产能合作的谅解备忘录》。根据该文件，双方将提升在石化、汽车、家电、物流、石油装备、清真食品等领域的产业合作。

［基础设施合作协议］中沙两国政府于 2008 年签署了《关于加强基础设施建设领域合作的协定》，双方促进在基础设施领域开展包括设计、安装、施工、生产、处置、建材供应和设备制造等合作。

［自由贸易协定］目前，中国正在与海湾合作委员会开展自由欧贸易协定谈判。若中国—海合会自由贸易协定达成，该协定将适用于中国与沙

特阿拉伯的贸易往来。

［双边磋商机制］中华人民共和国政府和沙特阿拉伯王国政府经济、贸易、投资和技术合作联合委员会是我国与沙特阿拉伯之间的双边磋商机制，旨在通过建立两国间经济、贸易、投资和技术定期磋商机制，推动两国各领域的经贸合作与发展。

五、沙特阿拉伯能够给中国企业提供投资合作咨询的机构

（一）中国驻沙特阿拉伯大使馆经商参处

网址：sa.mofcom.gov.cn

（二）沙特阿拉伯中资企业协会

电话：00966-532968552

（三）沙特阿拉伯驻中国大使馆

电话：010-65325325/65324825

（四）沙特阿拉伯投资促进机构

电话：00966-112035555

（五）中国商务部研究院海外投资咨询中心

网址：www.caitec.org.cn

六、已在沙特阿拉伯落地的部分中国企业和项目

（一）落地企业

中国石油化工集团公司沙特代表处、中国铁建股份有限公司沙特分公司、华为沙特技术投资有限公司、中国港湾沙特阿拉伯有限责任公司、中国中材国际工程股份有限公司沙特分公司、中国土木工程集团公司沙特分公司、中铁十八局集团沙特公司、中兴通讯沙特有限公司等。

（二）落地项目

（1）沙特基础工业公司（又称"萨比克"）与神华集团旗下的神华宁夏煤业集团签署项目开发协议，双方将在宁夏新建一个石化工业区。萨比克将利用神华宁夏煤业集团提供的当地煤炭原料实现原料来源多元化。

（2）中石化在沙特科技园建设中石化技术创新中心，该工程已动工。

（3）沙特电力和水务公司与哈尔滨电气国际工程公司共同投资开发中东地区第一座燃煤电厂——位于阿联酋迪拜的1200兆瓦清洁燃煤电站，合同金额达18亿美元。

（4）山东电建与沙特阿美签署了MGS（燃气增压站）二期项目EPC合同，合同总额约7亿美元。该项目将为沙特最重要的东气西输线路建设一座大型天然气增压站，并对原有两座增压站的部分工程进行改造。

（5）中国电建所属山东电建三公司与沙特电力公司签订2.3亿美元的利雅得PP14联合循环电站合同，这是中国电力企业承接的首个SEC的大型电站项目。

塞尔维亚

一、国家地理等概况

塞尔维亚位于巴尔干半岛的中北部，东北与罗马尼亚，东部与保加利亚，东南与马其顿，南部与阿尔巴尼亚，西南与黑山，西部与波黑，西北与克罗地亚相连。面积 8.83 万平方公里。人口 709.8 万（世界银行 2015 年统计数据）。官方语言为塞尔维亚语。主要宗教是东正教。

二、产业情况

近年来，塞尔维亚经济状况稍有好转，国民经济呈现稳中有升的态势。根据世界银行最新的统计数据，2016 年的主要经济数字如下：国内生产总值为 377.45 亿美元，人均国内生产总值为 5348 美元，国内生产总值同比增长 0.7%。

塞尔维亚的矿藏有煤、铁、锌、铜等，森林覆盖率为 25.4%，水力资源丰富。

（一）工业

主要工业部门有冶金、汽车制造、纺织、仪器加工等。

（二）农业

农业在塞尔维亚经济中占有重要地位。土地肥沃，雨水充足，农业生产条件良好。农业土地 506 万公顷，主要集中在北部的伏伊伏丁那平原和塞尔维亚中部地区。农业土地中，耕地 329 万公顷，果园 24 万公顷，葡萄园 5.6 万公顷，草场 62.1 万公顷。

（三）服务业

主要包括旅馆、饭店、餐厅、咖啡馆和酒吧等。2010 年，塞尔维亚共有 1.78 万个服务单位，其中旅馆 366 家，餐厅 3451 家，咖啡馆 2298 家，酒吧 4929 家。

（四）旅游业

塞尔维亚的旅游业发展良好。2012 年，接待外国游客 81 万人次。主要旅游区有浴场、滑雪场和国家公园等。

（五）交通运输

交通运输以铁路和公路为主。2011 年的交通运输情况如下：

铁路：总长为 3819 公里，其中电气化铁路 1279 公里。客运量 5.41 亿人公里，货运量 36.11 亿吨公里。

公路：总长 4.38 万公里，其中高速公路 5073 公里。共有小轿车 167.75 万辆，公共汽车 8805 辆，货车 15.89 万辆，拖车 12.41 万辆。

空运：共有 18 架飞机，1822 个客位，航线总长为 4.15 万公里。客运量 13.99 亿人公里，货运量 275 万吨公里。共有 5 个机场，主要机场为贝尔格莱德尼科拉·泰斯拉机场。

三、塞尔维亚对外国投资合作的政策

塞尔维亚政府对外来投资给予的优惠政策，主要有：①给予外资企业国民待遇；②外资可投资任何工业；③资金、资产、利润、股份及分红等可自由转移；④外资可在对等条件下购买房地产，租用建筑用地期限最长可达 99 年；⑤投资项目可获得国家主要信用机构、国际信用驻塞尔维亚机构、塞尔维亚出口信用担保；⑥外资还可进一步受双边投资保护协定保护（指与塞尔维亚已签署投资保护协定的 32 个国家，与中国也已签署）。

2007 年以来，塞尔维亚政府为促进外商直接投资，对投资 5000 万欧元以上的大型战略投资者提供优惠安排。对经过塞尔维亚外国投资促进局审批后符合条件的投资者，政府给予利率 1% 的优惠贷款。主要鼓励投资领域包括：公路建设、卫生和环保、经济开发建设（增加就业、促进企业生产、能源和交通、农业、水利、科技、旅游）、公共行政建设。

地方政府财政支持主要包括减免部分地方税，对投资商给予土地价格优惠或无偿提供土地，对有关使用土地进行基础设施建设和发展企业生产等提供审批及减免费用便利。

限制的行业：博彩业、军工行业。重点鼓励的投资行业：①汽车产业；②农牧业；③基础设施建设；④通信和信息技术产业；⑤电子和家电产业；⑥清洁能源产业。

四、塞尔维亚对外经贸关系

中国长期保持塞尔维亚第五大贸易伙伴。双边贸易中，中方长期处于顺差地位。据中国海关统计，2015年中塞双边贸易额为5.49亿美元，同比增长2.22%。其中，中国出口4.15亿美元，同比下降2.2399%；中国进口1.34亿美元，同比增长18.8%，中方顺差2.81亿美元，同比收窄7.1%。2016年1月至5月，中塞双边贸易额2.32亿美元，同比增长3.7%。其中，中方出口1.63亿美元，同比下降3.5%；中方进口0.69亿美元，同比增长25.5%。

五、塞尔维亚能够给中国企业提供投资合作咨询的机构

（一）中国驻塞尔维亚大使馆经商参处

网址：yu.mofcom.gov.cn

（二）塞尔维亚驻中国大使馆

网址：www.embserbia.cn

（三）塞尔维亚开发署

网址：www.ras.gov.rs

（四）塞尔维亚工商会

网址：www.pks.rs

（五）贝尔格莱德市工商会

网址：www.kombeg.org.rs

（六）中国商务部研究院海外投资咨询中心

网址：www.caitec.org.cn

六、已在塞尔维亚落地的部分中国企业和项目

国家开发银行，中国路桥工程有限责任公司，中国机械设备工程股份有限公司，山东高速集团，中国水利水电建设股份有限公司，中国水利电力对外公司，中国建筑工程总公司，中国土木工程集团有限公司，华为贝尔格莱德子公司，中兴通讯塞尔维亚分公司，中国一拖集团，中国葛洲坝集团国际工程有限公司，中国电力工程有限公司，东方电气，特变电工，北京勘察技术工程有限公司。

新加坡

一、国家地理等概况

新加坡共和国面积714.3平方公里（2011年）。公民和永久居民378.9万，常住人口553.5万（世界银行2015年统计数据）。华人占75%左右，其余为马来人、印度人和其他种族。马来语为国语，英语、华语、马来语、泰米尔语为官方语言，英语为行政用语。主要宗教为佛教、道教、伊斯兰教、基督教和印度教。首都位于新加坡。新加坡属于热带城市国家，热带海洋性气候，常年高温潮湿多雨。年平均气温24℃～32℃，日平均气温26.8℃，年平均降水量2345毫米，年平均湿度84.3%。

二、产业情况

新加坡属外贸驱动型经济，以电子、石油化工、金融、航运、服务业为主，高度依赖美、日、欧和周边市场，外贸总额是GDP的四倍。根据世界银行最新的统计数据，2015年的主要经济数字如下：国内生产总值为2927亿美元，人均国内生产总值为52888.7美元，国内生产总值同比增长2%。

（一）石化工业

新加坡是世界第三大炼油中心和石油贸易枢纽之一，也是亚洲石油产品定价中心，日原油加工能力超过130万桶，其中埃克森美孚公司60.5万桶，壳牌公司45.8万桶，新加坡炼油公司28.5万桶。2014年，石化工业总产值1034.8亿新元，占制造业总产值的34.1%，就业人数2.62万人。主要产品包括石油、石化产品及特殊化学品，企业主要聚集在裕廊岛石化工业园区。

（二）电子工业

新加坡传统产业之一，2014年总产值826.9亿新元，占制造业总产值的27.2%，就业人数7.14万人。主要产品包括：半导体、计算机外部设备、数据存储设备、电信及消费电子产品等。

（三）精密工程业

2014年，精密工程业总产值371.8亿新元，占制造业总产值的12.2%，就业人数9.16万人。主要产品包括半导体引线焊接机和球焊机（全球市场占有率为70%）、自动卧式插件机（全球市场占有率为60%）、半导体与工业设备等。

（四）生物医药业

新加坡近年来重点培育的战略性新兴产业，2014年总产值214.7亿新元，占制造业总产值的7.1%，就业人数1.68万人。世界十大制药公司等国际著名医药企业主要落户在启奥生物医药研究园区和十大生物医药园区。

（五）农业

用于农业生产的土地占国土总面积的1%左右，产值占国民经济不到0.1%，主要由园艺种植、家禽饲养、水产养殖和蔬菜种植等构成。绝大部分粮食、蔬菜从马来西亚、中国、印度尼西亚和澳大利亚进口。

（六）服务业

包括零售与批发贸易、饭店旅游、交通与电讯、金融服务、商业服务等，系经济增长的龙头。2011年产值为1564.4亿新元，占国内生产总值的57.6%。

（七）旅游业

外汇主要来源之一。游客主要来自东盟国家、中国、澳大利亚、印度和日本。2010年接待外国游客1317.1万人次（不含陆地入境的马来公民），酒店住房率为86.5%。主要景点有：圣淘沙岛、植物园、夜间动物园等。

（八）对外贸易

主要出口电子真空管、加工石油产品、办公及数据处理机零件、数据处理机和电讯设备等，进口电子真空管、原油、加工石油产品、办公及数据处理机零件等。主要贸易伙伴为：马来西亚、欧盟、中国、印尼和美国。

三、新加坡对外国投资合作的政策

新加坡优惠政策的主要依据是《公司所得税法案》和《经济扩展法案》（Economic Expansion Incentives），以及每年政府财政预算案中涉及的一些优惠政策。新加坡采取的优惠政策主要是为了鼓励投资、出口、增加就业机会、鼓励研发和高新技术产品的生产，以及使整个经济更具有活力的生产经营活动。如对涉及特殊产业和服务（如高新技术、高附加值企业）、大型跨国公司、研发机构、区域总部、国际船运以及出口企业等给予一定期限的减、免税优惠或资金扶持等。

行业投资政策：先锋企业奖励。享有先锋企业（包括制造业和服务业）称号的公司，自生产之日起，其从事先锋活动取得的所得可享受免征 5 ~ 10 年所得税的优惠待遇。先锋企业由新加坡政府部门界定。通常情况下，从事新加坡目前还未大规模开展而且经济发展需要的生产或服务的企业，或从事良好发展前景的生产或服务的企业可以申请"先锋企业"的资格。

四、新加坡能够给中国企业提供投资合作咨询的机构

新加坡负责投资的主管部门是经济发展局（EDB，简称"经发局"），成立于 1961 年，是隶属新加坡贸工部的法定机构，也是专门负责吸引外资的机构，具体制定和实施各种吸引外资的优惠政策并提供高效的行政服务。其远景目标是将新加坡打造成为具有强烈吸引力的全球商业与投资枢纽。

五、已在新加坡落地的部分中国企业和项目

（一）落地企业

中远控股（新加坡）有限公司、中国国际航空公司新加坡营业部、中国建筑（南洋）发展有限公司、中国银行股份有限公司新加坡分行、中国航油（新加坡）股份有限公司、南洋五矿实业有限公司、华旗资讯（新加坡）私人有限公司、新加坡中国旅行社等。

（二）落地项目

上海振华重工（集团）股份有限公司承建 ZP2237-40 新加坡岸桥场桥；上海隧道工程股份有限公司承建新加坡汤申线项目 T225，中国电力建设股份有限公司承建新加坡地铁汤申线 T227 滨海南车站及隧道工程；新加坡大士新船厂项目由中交集团旗下的三航局承建。一期项目造价 4.43 亿新元，已完工并投入使用。二期工程造价 2.8 亿新元，预计将于 2016 年 9 月竣工；四川海特高新技术公司斥资 9530 万新元在新加坡设立航空培训中心，为亚洲航空业者提供飞行机组训练服务。

斯洛伐克

一、国家地理等概况

斯洛伐克是欧洲中部的内陆国。东邻乌克兰，南接匈牙利，西连捷克、奥地利，北毗波兰。属海洋性向大陆性气候过渡的温带气候。面积49037平方公里，有褐煤、硬煤、菱镁矿。石油、天然气依赖进口。人口542.4万（世界银行2015年统计数据）斯洛伐克族占85.8%，匈牙利族占9.7%，罗姆（吉卜赛）人占1.7%，其余为捷克族、乌克兰族、日耳曼族、波兰族和俄罗斯族。官方语言为斯洛伐克语。居民大多信奉罗马天主教。

二、产业情况

斯洛伐克早年为农业区，基本无工业。捷克斯洛伐克共产党执政期间，在斯逐步建立了钢铁、石化、机械、食品加工及军事工业，缩小了同捷在经济上的差距。1989年剧变后，斯根据联邦政府提出的"休克疗法"开始进行经济改革，导致经济大衰退。1993年1月斯独立后，推行市场经济，加强宏观调控，调整产业结构。近年来，斯政府不断加强法制建设，改善企业经营环境，大力吸引外资，逐渐形成以汽车、电子产业为支柱，出口为导向的外向型市场经济。2009年，受国际金融危机影响导致经济下滑，根据世界银行最新的统计数据，2016年的主要经济数字如下：国内生产总值为895.52亿美元，人均国内生产总值为16496美元，国内生产总值同比增长3.6%。

（一）工业

2014年，工业生产总值为173.22亿欧元，占国内生产总值的22.9%。主要工业部门有钢铁、食品、烟草加工、石化、机械、汽车等。从业人员52.7万，约占总劳动力的23.71%。

（二）农业

2014 年，农业生产总值为 19.39 亿欧元，占国内生产总值的 2.7%。农业用地 192.12 万公顷，可耕地面积为 135.91 万公顷。森林覆盖率约41.4%。农业人口约 8.27 万，占总劳动力的 3.5%。粮食总产量 931.6 万吨。主要农作物有大麦、小麦、玉米、油料作物、马铃薯、甜菜等。

（三）交通运输

以公路和铁路运输为主，近年来航空运输有所发展。2014 年的交通情况如下：

公路：总长 17954 公里，其中高速公路 420 公里。客运量总计 2.72 亿人次，货运量总计 1.29 亿吨。截至 2014 年底，斯共有汽车 262.3 万辆。

铁路：总长 3631 公里，其中复线 1017 公里，电气化铁路 1586 公里。客运量总计 4606 万人次，货运量总计 4840 万吨。

水运：内河航道 172 公里，客运量总计 10.9 万人次，货运量总计 192万吨。

空运：客运量总计 61 万人次，货运量总计 0.7 万吨。

三、斯洛伐克对外国投资合作的政策

斯洛伐克鼓励的投资项目分为两类：一是加工工业，包括加工产业和分销物流中心；二是技术中心和战略服务中心项目，包括高新技术领域的战略投资（生化技术、纳米技术和研发中心）、共享服务中心和商务流程外包（通信信息、人力资源和财务会计等）。

申请享受投资鼓励措施须满足下列条件：①在失业率 10% 以下的地区投资 4 亿克朗（1600 万美元左右）以上的项目；在失业率 10% 以上的地区投资 2 亿克朗（800 万美元左右）以上的项目。② 80% 以上的销售收入来自该投资企业。③投资项目在三年内开业。④项目经过政府批准。

目前，投资者可申请享受下列投资鼓励措施：①公司所得税的减免。新成立的公司免缴企业所得税，现有法人实体部分减免所得税 10 年。②对投资者创造就业机会予以补贴。补贴的时间一般为 18 个月。如果投资者雇用就业竞争力较弱的人员（如长期失业者、刚刚毕业的学生，以及残疾人员），最多可获得 2 年的补贴，补贴按月发放。按所在地失业率高低，每个就业岗位的补贴金额从 3 万克朗到 16 万克朗不等。③对员工培训的补贴。补贴金额最高可达费用支出的 90%，具体金额需要与当地劳动局协商，由批准机构提供培训。

四、斯洛伐克对外经贸关系

据中国商务部统计，2015 年中斯贸易额达 50.3 亿美元，同比下降 18.9%，斯洛伐克是中国在中东欧的第四大贸易合作伙伴国。其中，中国出口 27.95 亿美元，同比下降 1.2%；中国进口 22.37 亿美元，同比减少 33.7%。双边贸易额虽有下降，但商品结构不断优化，中国对斯洛伐克出口商品中机电产品占 85% 以上。

中国尚未与斯洛伐克签署货币互换协议。

2015 年 9 月 21 日，中国—斯洛伐克政府间科技合作委员会第 7 届理事会在斯首都布拉迪斯拉发举行。2015 年 5 月，中国—斯洛伐克政府间经济合作联合委员会第 11 次理事会在布拉迪斯拉发召开。

五、斯洛伐克能够给中国企业提供投资合作咨询的机构

（一）中国驻斯洛伐克大使馆经商参处

网址：sk.mofcom.gov.cn

（二）斯洛伐克驻中国大使馆

网址：www.mzv.sk/peking

（三）斯洛伐克投资促进机构

网址：www.sario.sk

（四）中国商务部研究院海外投资咨询中心

网址：www.caitec.org.cn

六、已在斯洛伐克落地的部分中国企业和项目

南车集团和航天科工集团旗下公司分别通过收购西欧企业完成在斯洛伐克的投资。

斯洛文尼亚

一、国家地理等概况

斯洛文尼亚位于欧洲中南部,巴尔干半岛西北端。西接意大利,北邻奥地利和匈牙利,东部和南部与克罗地亚接壤,西南濒亚得里亚海。海岸线长 46.6 公里。特里格拉夫峰为境内最高的山峰,海拔 2864 米,最著名的湖泊是布莱德湖。气候分山地气候、大陆性气候和地中海式气候。夏季平均气温为 21.3℃,冬季平均气温为 –0.6℃,年平均气温为 10.7℃(2007 年)。面积 20273 平方公里。人口 206.3 万(世界银行 2015 年统计数据)。主要民族为斯洛文尼亚族,约占 83%。少数民族有匈牙利族、意大利族和其他民族。官方语言为斯洛文尼亚语。居民主要信奉天主教。GDP 总计 439.91 亿美元,人均 GDP 为 21305 美元。

二、斯洛文尼亚对外国投资合作的政策

外资企业在完税后利润可自由汇出。除下述禁止或限制领域外,外商可在其他领域自由投资,投资方式灵活多样。

斯洛文尼亚禁止外商在下列领域设立独资企业:①武器和军事设备的生产和销售;②国家财政预算内指定的养老保险业和医疗保险业;③铁路与航空运输;④交通与通讯;⑤保险业。

在下列领域,外资在企业里的投资比例有一定限制:①在审计企业中,外资比例不得高于 49%;②在出版和广播领域的企业中,外资比例不得高于 33%;③在证券领域的企业中,外资比例不得高于 24%;④在投资公司(负责管理投资基金)中,外资比例不得高于 20%,外商投资超过其资产 20% 和在受权投资公司(经母公司授权可被投资的分公司)投资超过 15%,必须获得有关部门的批准。

此外,外国人可以在斯洛文尼亚建立独资银行,但需要在国家对等的

条件下得到中央银行（即斯洛文尼亚银行）的批准。

三、斯洛文尼亚能够给中国企业提供投资合作咨询的机构

2013 年，新成立了斯洛文尼亚企业、创新、旅游、发展和投资事务局，将原先的投资促进署、旅游局和技术局合三为一，其主要职责之一便是负责外国投资的相关事宜，吸引外国投资，执行相关的投资促进政策，以促进企业的发展和投资。

斯里兰卡

一、国家地理等概况

斯里兰卡是南亚次大陆以南印度洋上的岛国，西北隔保克海峡与印度相望。接近赤道，终年如夏，年平均气温 28℃，受印度洋季风影响，西南部沿海地区湿度大。年平均降水量 2136 毫米（2014 年）。风景秀丽，素有"印度洋上的明珠"之称。面积 65610 平方公里。人口 2096 万（世界银行 2015 年统计数据）。僧伽罗族占 74.9%，泰米尔族占 15.4%，摩尔族占 9.2%，其他占 0.5%。僧伽罗语、泰米尔语同为官方语言和全国语言，上层社会通用英语。70.2% 的居民信奉佛教，12.6% 信奉印度教，9.7% 信奉伊斯兰教，7.4% 信奉天主教和基督教。

二、产业情况

经济以种植园经济为主，主要作物有茶叶、橡胶、椰子和稻米。工业基础薄弱，以农产品和服装加工业为主。在南亚国家中率先实行经济自由化政策。1978 年开始实行经济开放政策，大力吸引外资，推进私有化，逐步形成市场经济格局。近年来，斯里兰卡经济保持中速增长。2005—2008 年，斯里兰卡国民经济增长率连续四年达到或超过 6%，为独立以来的首次。2008 年以来，受国际金融危机影响，斯里兰卡外汇储备大量减少，茶叶、橡胶等主要出口商品收入和外国短期投资下降。斯里兰卡国内军事冲突结束后，斯里兰卡政府采取了一系列积极应对措施。国际货币基金组织向斯里兰卡提供了 26 亿美元的临时信贷安排。当前斯里兰卡宏观经济逐步回暖，呈现出良好的发展势头，2011—2014 年斯里兰卡经济平均增速在 6% 左右。根据世界银行最新的统计数据，2015 年的主要经济数字如下：国内生产总值为 823 亿美元，人均国内生产总值为 3926.2 美元，国内生产总值同比增长 4.8%。货币名称：卢比。

主要矿藏有石墨、宝石、钛铁、锆石、云母等。石墨、宝石、云母等已开采。渔业、林业和水力资源丰富。

（一）工业

工业主要有纺织、服装、皮革、食品、饮料、烟草、造纸、木材、化工、石油加工、橡胶、塑料和金属加工及机器装配等工业，大多集中于科伦坡地区。2014 年工业产值占 GDP 的 33.8%。

（二）农业

可耕地面积 400 万公顷，已利用 200 万公顷。主要作物为茶叶、橡胶、椰子等。2014 年农业产值约占 GDP 的 9.9%。

（三）服务业

2014 年服务业产值占 GDP 的比重约为 56.3%，贸易、银行保险、房地产、运输和通讯等产业增长较快。

（四）旅游业

旅游业是斯里兰卡经济的重要组成部分。游客主要来自欧洲、印度、中国、东南亚等国家和地区。2003—2005 年，斯里兰卡连续三年到访外国游客数量突破 50 万人。自 2005 年底，斯里兰卡政府军与"猛虎"冲突对旅游业造成一定冲击。2009 年，随着局势转好，旅游业逐步恢复，呈现快速发展势头。2015 年入境人数为 179.8 万人次，同比增长 17.8%。

（五）交通运输

全国有公路 12165 公里，铁路 1640 公里。主要港口有科伦坡、汉班托塔、高尔和亭可马里。科伦坡机场、汉班托塔（马塔拉）机场为国际机场。斯里兰卡航空公司经营国际航空业务。

三、斯里兰卡对外国投资合作的政策

1986 年，中斯签署《中华人民共和国政府和斯里兰卡民主社会主义共和国政府关于相互促进和保护投资协定》，为双向投资创造良好的环境，并保护投资者利润汇出等相关利益。2003 年 8 月 11 日，中斯签署避免双重征税协议。协议于 2005 年 5 月 22 日生效，2006 年 1 月 1 日开始执行。中斯两国签署有互免国际航空运输和海运收入税收的协议。

斯里兰卡针对不同的投资领域，有不同的投资限制。除个别领域不允许外资进入外，大多领域对外资开放。对外资的限制分为禁止进入、有条件进入以及许可进入领域。

禁止进入领域：资金借贷，典当业，投资低于 100 万美元的零售业，近海渔业，除出口行业或旅游业外，禁止提供人才服务，斯里兰卡 14 岁以下儿童的教育，本地学历教育。

外资占比需超过 40%，BOI 视情况批准的领域：生产受外国配额限制的出口产品，茶叶、橡胶、椰子、可可、水稻、糖及香料的种植和初级加工，不可再生资源的开采和加工，使用当地木材的木材加工业，深海渔业，大众传媒，教育，货运，旅游以及船务代理等。

视外国投资金额，BOI 或其他政府部门视情况批准的领域：航空运输，沿海船运，军工、生化制品及造币等敏感行业，大规模机械开采宝石，彩票业。

吸引外资的重点领域：旅游业和娱乐业，公路、桥梁、港口、电力、通讯、供排水等基础设施建设，信息技术产业，纺织业，农业和畜牧业，进口替代型产业和出口导向型产业等。

投资方式的规定：斯里兰卡政府对外国投资方式没有任何限制，目前鼓励外国投资以 BOT、PPP 等方式参与当地的基础设施建设，参与除部分限制领域外的任何产业投资。2014 年，斯里兰卡先后举行总统选举和议会选举，目前其政府处于过渡期，吸引外资政策或将进行调整，仍有待观察。

对于 BOT 方式，斯里兰卡政府无明确规定，根据项目情况个案审批。

四、斯里兰卡对外经贸关系

[双边贸易] 中斯两国自建交以来经贸关系在平等互利的基础上发展顺利，贸易额逐年增长。据中国海关统计，2015 年，中斯双边贸易总额为 45.64 亿美元，其中国对斯里兰卡出口 43.05 亿美元，中国自斯里兰卡进口 2.59 亿美元，分别同比增长 12.9%、13.5% 和 4.2%。

[双向投资] 随着中斯两国经贸合作水平不断提高，中国对斯里兰卡的投资快速增长。据中国商务部统计，2015 年当年中国对斯里兰卡直接投资流量 1747 万美元。截至 2015 年末，中国对斯里兰卡直接投资存量 7.73

亿美元。

近年来，中资企业对斯里兰卡投资取得跨越式发展，多个大型投资项目签约。中国民营企业赴斯里兰卡投资发展迅速，涉及酒店、旅游、农产品加工、渔业、家具制造、纺织、饲料、生物质发电、自行车、仓储物流等多个领域。

［承包劳务］目前，在中国使馆经商参处登记备案的中资企业达55家，主要开展承包工程、投资和贸易等商业活动。据中国商务部统计，2015年中国企业在斯里兰卡新签承包工程合同53份，新签合同额15.88亿万美元，完成营业额13.69亿万美元；当年派出各类劳务人员3062人，年末在斯里兰卡劳务人员5110人。

［货币互换］2014年9月16日，中国人民银行与斯里兰卡中央银行签署了规模为100亿元人民币（即2250亿卢比）的双边本币互换协议。互换协议有效期三年，经双方同意可以展期。

五、斯里兰卡能够给中国企业提供投资合作咨询的机构

（一）中国驻斯里兰卡大使馆经商参处

网址：www.fmprc.gov.cn

（二）斯里兰卡中资企业协会

电话：009411-2470998

（三）斯里兰卡驻中国大使馆

网址：www.fmprc.gov.cn

（四）斯里兰卡投资局

网址：www.investsrilanka.com

（五）中国商务部研究院海外投资咨询中心

网址：www.caitec.org.cn

六、已在斯里兰卡落地的部分中国企业和项目

中国港湾工程有限责任公司、招商局国际科伦坡码头有限公司、华为技术有限公司、中兴通讯股份有限公司、山西建筑工程集团、中国机械设

备工程股份有限公司、中国地质工程集团、中国航空技术国际工程有限公司、中铁五局、中国水利水电建设集团、中国通信服务、东方电气、江西国际经济技术合作公司、中国冶金科工股份有限公司、湖南省建筑工程集团总公司、山东对外经济技术合作集团、西安达刚路面机械股份有限公司、北京市政建设集团、中国葛洲坝集团股份有限公司、中国技术进出口总公司、河南第一火电建设公司、中国成套设备进出口总公司、国家开发银行斯里兰卡代表处、中电科技国际贸易有限公司、中国电子进出口总公司、中国海外工程有限公司、云南建工集团有限公司、中工国际工程股份有限公司、烟建集团有限公司、中国重型机械有限公司、中国寰球工程公司、中国机械进出口有限公司、新希望兰卡有限公司、中国建筑工程总公司、湖南路桥、中铁十局、中南勘测设计研究院、三一重工股份有限公司、戚隆香港斯里兰卡办事处、中国电力工程有限公司、上海振华重工、上海贝尔股份有限公司、华威国际商厦有限公司、河南亚鹰钢结构幕墙工程有限公司、中国电信斯里兰卡分公司、天元建设集团有限公司、中国石油天然气管道局。

叙利亚

一、国家地理等概况

阿拉伯叙利亚共和国面积 185180 平方公里（包括被以色列占领的戈兰高地约 1200 平方公里）。人口 1850 万（世界银行 2015 年统计数据），其中阿拉伯人占 80% 以上，还有库尔德人、亚美尼亚人、土库曼人等。阿拉伯语为国语。85% 的居民信奉伊斯兰教，14% 的居民信奉基督教。穆斯林人口中，逊尼派占 80%（约占全国人口的 68%），什叶派占 20%，在什叶派中阿拉维派占 75%（约占全国人口的 11.5%）。首都位于大马士革，人口 450 万。

二、产业情况

近年来，叙利亚经济逐步向社会市场经济转轨。叙利亚政府力图通过实施经济建设和社会发展的"十一五"计划（2011—2015 年），优化经济结构，推动经济发展。但受多重因素影响，叙利亚经济改革进程较为缓慢。2011 年，叙利亚局势动荡，美西方、阿盟对叙利亚实施制裁，叙利亚面临石油出口中断、外汇收入锐减、货币贬值、物价上升、失业率高企等多重压力，经济形势更趋严峻。

（一）资源

主要有石油、天然气、磷酸盐、岩盐、沥青等。叙利亚已探明石油储量 25 亿桶，石油及其产品基本自给，并部分出口；已探明的天然气储量 6500 亿立方米，磷酸盐储量 6.5 亿吨，岩盐储量 5500 万吨。

（二）工业

工业基础薄弱，现代工业只有几十年的历史。叙利亚现有工业分为采掘工业、加工工业和水电工业。开掘工业有石油、天然气、磷酸盐、大理石等。加工工业主要有纺织、食品、皮革、化工、水泥、烟草等。

（三）农业

叙利亚为中东地区的农业大国，农业在国民经济中占据重要位置。农业耕种面积为473.6万公顷，农业人口440万。主要作物有小麦、大麦、玉米。经济作物有棉花、豆类、甜菜和烟草，其中棉花是出口创汇第一的农作物。水果有柑橘、大马士革杏、无花果、橄榄等。叙利亚是中东地区重要的畜牧业国家，主要畜禽品种有牛、绵羊、山羊和鸡。水资源缺乏是影响叙利亚农业发展的主要因素。

（四）对外贸易

主要出口产品有石油和石油产品、棉花和棉花制品、磷酸盐、香料、皮革等。主要进口产品有机械、钢材、纺织品、燃料、粮食、罐头、糖、化工原料、文教用品、医药、木材等。2012年，叙利亚出口额为49.81亿美元，进口额为100.1亿美元。叙利亚局势动荡前，主要进口国为法国、意大利、德国、土耳其、中国，主要出口国为德国、意大利、法国、沙特、土耳其。

三、叙利亚对外国投资合作的政策

2007年，8号《投资法》对符合条件的投资者提供优惠税收政策，采用动态税收减税原则，税率以2006年《所得税法》为准，所得税征收以净利润为计税基础，基础税率为22%，根据以下情况调减：①在国家保险名册登记雇佣25人（含）以上的企业调减1个百分点；②在国家保险名册登记雇佣75人（含）以上的企业调减2个百分点；③在国家保险名册登记雇佣150人（含）以上的企业调减3个百分点；④在工业城建立的企业调减1个百分点。另外，根据《投资法》的相关规定，符合条件的企业还可享受有关行业和地区的鼓励政策。

行业鼓励政策：符合8号《投资法》在哈西亚工业城和德尔祖尔工业城建立的企业及所有的电力企业、可再生能源企业和化肥企业在企业税收调减1个百分点的基础上再调减2个百分点；使用当地原材料生产的企业、节省能源的企业及出口额占产值50%以上的企业在有关部门审查批准的情况下可调减2个百分点。

投资行业的规定：叙利亚2007年1月公布了第8号新《投资法》，

允许投资者投贷除涉及军事和国家安全项目外的其他任何领域。鼓励投资领域主要有农业和土地改良项目、T业项目、运输项目、通讯项目、环保项目、服务项目、电力项目、石油和矿产项目等。

投资方式的规定: 投资者可以通过并购、成立合资公司、参股或以资金、设备作为投资资本等方式进行投资。

四、叙利亚能够给中国企业提供投资合作咨询的机构

叙利亚投资主管部门为叙利亚投资总局,隶属于叙利亚内阁。其主要职责是制定投资总战略和总政策,对改善投资环境进行必要的调研,研究投资的有关法律及章程,对投资项目进行审批,颁发许可证书及相关文件。

塔吉克斯坦

一、国家地理等概况

塔吉克斯坦共和国面积 14.31 万平方公里。人口 848 万（世界银行 2015 年统计数据），其中，塔吉克族占 79.9%，乌孜别克族占 15.3%，俄罗斯族约占 1%。此外，还有鞑靼、吉尔吉斯、土库曼、哈萨克、乌克兰、白俄罗斯、亚美尼亚等民族。塔吉克语（属印欧语系伊朗语族）为国语，俄语为族际交流语言。居民多信奉伊斯兰教，多属逊尼派，帕米尔一带属什叶派伊斯玛仪支派。首都位于杜尚别，夏季最高气温可达 40℃，冬季最低气温为零下 20℃。

二、产业情况

塔吉克斯坦经济基础薄弱，结构单一。苏联解体后的政治经济危机以及多年内战使塔吉克斯坦国民经济遭受严重破坏，经济损失总计超过 70 亿美元。1995 年，塔开始实施《深化经济改革和加快向市场关系过渡的紧急措施》和《1995—2000 年经济改革纲要》，确立了以市场经济为导向的国家经济政策，并推行私有化改制。2008 年，全球金融危机对塔经济造成一定冲击，塔政府采取系列应对措施后，经济逐渐向好发展。但因经济规模相对较小，其发展对国际社会依赖性很强，塔全面恢复并发展经济任重而道远。根据世界银行最新的统计数据，2015 年的主要经济数字如下：国内生产总值为 78.5 亿美元，人均国内生产总值为 925.9 美元，国内生产总值同比增长 4.2%。货币名称：索莫尼。

（一）资源

塔水利资源位居世界第八位，人均拥有量居世界第一位，占整个中亚的一半左右，但开发量不足实际的 10%。该国水源主要来自冰川，记录在册的冰川有 1085 条，冰川面积为 8041 平方公里，约占中亚冰川总面积的 50%。最大的冰川为费琴科冰川（长 77 公里）。该国有三大水系，分别属于阿姆河流域、扎拉夫尚河流域和锡尔河流域。长达 500 公里以上的河流有 4 条,长度在 100~500 公里的河流有 15 条。主要河流为阿姆——喷赤河(921 公里)、扎拉夫尚河(877 公里)、瓦赫什河(524 公里)、锡尔河(110 公里)。该国湖泊颇多,总面积达 1005 平方公里,约占领土面积的 1%,最大的湖泊是卡伊拉库姆湖(380 平方公里,即喀拉湖,素有"塔吉克海"之称),最高的湖泊为恰普达拉湖(海拔 4529 米),也是独联体海拔最高的湖泊。

塔在大河的干、支流修建了 30 多座大、中、小型水电站,装机容量为 509 万千瓦,2010 年水电设备发电量约 161.76 亿度。丰水期基本能满足内需,夏季还可以向周边国家出口。

塔矿产资源丰富,种类全,储量大。经过 1971~1990 年大规模的勘探,发掘出 400 多个矿带,已探明有铅、锌、铋、钼、钨、锑、锶、金、银、锡、铜等贵重金属;油气和石盐、硼、煤、萤石、石灰石、彩石、宝石等 50 多种矿物质,其中有 30 多处金矿,总储量超过 600 吨;银矿多为与铅、锌伴生矿,储量 10 万吨,大卡尼曼苏尔银矿为世界最大的银矿之一;锑储量占整个独联体的 50%,居亚洲第三位,仅次于中国和泰国;塔共探明有 140 处建材原料矿,其中 40 处已经开采,多处的储量可维持 20~25 年甚至更长的开采,为生产砖、惰性材料、陶瓷石膏、面板、水泥等建材提供原料。

塔油气资源储量为:石油 1.131 亿吨,天然气 8630 亿立方米,但无法得到有效开发:一是资源埋藏较深,多为 7000 米以下;二是缺少战略投资商。因此,所需大部分石油及天然气依赖进口。2011 年,塔原油和天然气开采量分别为 2.87 万吨和 1885 万立方米,同比分别增长 5.6% 和 11.4%。其所需的大部分石油及天然气依赖进口,2011 年进口 40.9 万吨石油和 1.79 亿立方米的天然气。此外,塔煤炭资源较为丰富,现有的 17 个煤矿区和 24 个含煤矿区已发现有褐煤、岩煤、焦炭和无烟煤等,探明储量共计 46 亿吨,其中,无烟煤储量 515 万吨,仅次于越南,排名世界第二。焦炭储量 13.217 亿吨。由于经济困难,塔无力对煤炭开采业进行大规模投入。2011 年,塔原煤开采量仅为 23.4 万吨。

(二)工业

2011 年,塔工业产值为 16.45 亿美元,同比增长 5.9%。其中采掘、加工和水电气生产各占 12.8%、67.2% 和 20%。塔基础工业部门中的食品和纺织业分别占 28.3% 和 18.5%。采掘业增长较快，同比增长 36%。有色冶金是塔重要产业，受能源供应不足及电价上涨等因素影响较大，出现萎缩，同比下降 15.8%。

（三）农牧业

2011 年，塔农牧业总产值比上年增长 7.9%，达 148.53 亿索莫尼。其中，种植业产值 108.94 亿索莫尼，同比增长 8.2%，畜牧业产值 39.58 亿索莫尼，同比增长 7.0%。影响塔农业发展的资金和技术等问题仍未得到解决。

（四）对外贸易

塔出口商品主要是非贵重金属及其制品，占出口总额的 54.6%；进口以交通工具机械设备、矿产品及化工产品为主。塔主要贸易伙伴国是俄罗斯、中国、土耳其、哈萨克斯坦、伊朗和乌克兰。

三、塔吉克斯坦对外国投资合作的政策

优惠政策：塔吉克斯坦《投资法》和其他法规及塔吉克斯坦承认的国际法向投资者提供全面、无条件的权益保护。

鼓励行业：塔吉克斯坦总统在国情咨文中明确表示，塔吉克斯坦鼓励在以下行业进行投资：①能源领域，主要是水电领域，利用塔吉克斯坦的水利资源修建水利工程、输变电线路；加快煤炭、石油天然气的勘探和开发；②公路、隧道、桥梁的修复和建设；③农业等领域仍为重点投资领域；④铝锭、农产品的深加工。

为鼓励生产投资，塔吉克斯坦制定了以下优惠措施：在商品生产领域建立的新企业，在正式注册的当年免缴利润税，并自首次正式注册的第二年开始，在不低于法定最低注册资本的情况下，投资规模在 50 万美元以下，利润税免缴 2 年；投资规模在 50 万美元到 200 万美元，利润税免缴 3 年；投资规模在 200 万美元到 500 万美元，利润税免缴 4 年；如果投资规模超过 500 万美元，利润税免缴 5 年。

四、塔吉克斯坦对外经贸关系

［双边贸易］1992 年 1 月 4 日，中国与塔吉克斯坦正式建交。1993年 3 月，塔吉克斯坦与中国签订《鼓励和保护投资协定》，其中有最惠

国待遇及例外情况、保护投资合法收益并可自由汇出、国有化征用及补偿等规定。2008 年，中塔签署避免双重征税协定。

［货币互换］2015 年 9 月，中塔签署规模为 30 亿元人民币（即 30 亿索莫尼）的双边本币互换协议，旨在促进双边贸易和投资，维护区域金融稳定。互换协议有效期为 3 年，经双方同意可展期。

五、塔吉克斯坦能够给中国企业提供投资合作咨询的机构

（一）中国驻大使馆经商参处

网址：tj.mofcom.gov.cn

（二）中资企业协会

电话：00992-2278881

（三）驻中国大使馆

电话：010-65322598

（四）投资促进机构

网址：www.tpp.tj

（五）中国商务部研究院海外投资咨询中心

网址：www.caitec.org.cn

六、已在塔吉克斯坦落地的部分中国企业和项目

（一）落地企业

中国水电建设集团（16 局）、新疆特变电工集团、中石油中塔天然气管道有限公司、中油国际（塔吉克）有限公司、中国土木工程集团有限公司、新疆北新路桥建设有限公司、华为技术公司、中兴通讯股份有限公司等。

（二）落地项目

特变电工股份有限公司承建塔吉克杜尚别 2 号火电站二期工程；中国重型机械有限公司承建塔铝冰晶石工厂；氟化铝工厂和硫酸工厂项目；华新水泥股份有限公司承建胡占德 3000TPD 水泥生产线等。

菲律宾

一、国家地理等概况

菲律宾共和国面积 29.97 万平方公里。人口 10069 万（世界银行 2015 年统计数据），马来族占全国人口的 85% 以上，包括他加禄人、伊洛戈人、邦班牙人、维萨亚人和比科尔人等；少数民族及外来后裔有华人、阿拉伯人、印度人、西班牙人和美国人；还有为数不多的原住民。有 70 多种语言。国语是以他加禄语为基础的菲律宾语，英语为官方语言。约 85% 的国民信奉天主教，4.9% 信奉伊斯兰教，少数人信奉独立教和基督教新教，华人多信奉佛教，原住民多信奉原始宗教。首都位于大马尼拉市，人口 1186 万（世界银行 2015 年统计数据）。年平均气温 28℃。海岸线长约 18533 公里。属季风型热带雨林气候，高温多雨，湿度大，台风多。年平均气温 27℃，年降水量 2000 ～ 3000 毫米。

二、产业情况

出口导向型经济。第三产业在国民经济中地位突出，农业和制造业也占相当比重。20 世纪 60 年代后期采取开放政策，积极吸引外资，经济发展取得显著成效。80 年代后，受西方经济衰退和自身政局动荡影响，经济发展明显放缓。90 年代初，拉莫斯政府采取一系列振兴经济措施，经济开始全面复苏，并保持较高增长速度。1997 年爆发的亚洲金融危机对菲冲击不大，但其经济增速再度放缓。阿基诺总统执政后，增收节支，加大对农业和基础设施建设的投入，扩大内需和出口，国际收支得到改善，经济保持较快增长。根据世界银行最新的统计数据，2015 年的主要经济数字如下：国内生产总值为 2919.6 亿美元，人均国内生产总值为 2899.4 美元，国内生产总值同比增长 5.8%。

（一）资源

矿藏主要有铜、金、银、铁、铬、镍等 20 余种。铜蕴藏量约 48 亿吨、镍 10.9 亿吨、金 1.36 亿吨。地热资源丰富，预计有 20.9 亿桶原油标准能源。巴拉望岛西北部海域有石油储量约 3.5 亿桶。

（二）工业

2010 年，工业产值约为 2.9 万亿比索，同比增长 15.2%。工业产值占国内生产总值的 31.3%。从业人口占总从业人口的 15%。制造业占工业总产值的 70.1%，建筑业占 14.0%，矿产业占 4.8%，电力及水气业占 11.1%。

（三）农林渔业

2010 年，农林渔业产值约为 1.2 万亿比索，同比增长 4%。农林渔业产值占国内生产总值的 16.3%，从业人口占总劳力的 33%。森林面积 1579 万公顷，覆盖率达 53%。有乌木、檀木等名贵木材。水产资源丰富，鱼类品种达 2400 多种，金枪鱼资源居世界前列，已开发的海水、淡水渔场面积 2080 平方公里。

（四）服务业

2010 年，服务业产值约为 4.96 万亿比索，比上年增长 12%。占国内生产总值的 54.8%，从业人口占总劳力的 54.8%。菲在海外的劳工超过 800 万人，2011 年汇回菲律宾 204 亿美元。

（五）旅游业

外汇收入重要来源之一。2011 年菲接待游客 392 万人次，比上年增长 11%。主要旅游点有百胜滩、蓝色港湾、碧瑶市、马荣火山、伊富高省原始梯田等。

（六）对外贸易

与 150 个国家有贸易关系。近年来，菲政府积极发展对外贸易，促进出口商品多样化和外贸市场多元化，进出口商品结构发生显著变化。非传统出口商品如成衣、电子产品、工艺品、家具、化肥等的出口额，已赶超矿产、原材料等传统商品出口额。主要出口产品为电子产品、服装及相关产品、电解铜等；主要进口产品为电子产品、矿产、交通及工业设备；主要贸易伙伴有美国、日本和中国等。

三、菲律宾对外国投资合作的政策

（1）免所得税。新注册的优先项目企业将免除 6 年的所得税，传统企业免缴 4 年所得税。扩建和升级改造项目免税期为 3 年，如项目位于欠发达地区，免税期为 6 年。新注册企业如满足下列其中一个条件，还将多享有 1 年免税奖励：①本地生产的原材料至少占总原材料的 50%；②进口和本地生产的同等设备价值与个人的比例不超过每人 1 万美元；③营业前 3 年，年外汇存款或收入达到 50 万美元以上。

（2）可征税收入中减去人工费用。

（3）减免用于制造、加工或生产出口商品的原材料的赋税。

（4）可征税收入中减去必要和主要的基建费用。

（5）进口设备的相关材料和零部件减免关税。

（6）减免码头费用以及出口关税。

（7）自投资署注册起免除 4 ~ 6 年地方营业税。

鼓励投资领域：菲律宾政府每年制定一个《投资优先计划》，列出政府鼓励投资的领域和可以享受的优惠条件，引导内外资向国家指定行业投资。优惠条件包括减免所得税、免除进口设备及零部件的进口关税、免除进口码头税、免除出口税费等财政优惠，以及无限制使用托运设备、简化进出口通关程序等非财政优惠。

四、已在菲律宾落地的部分中国企业和项目

（一）落地企业

中国路桥集团菲律宾分公司、湖南路桥建设集团公司、中色矿业集团菲律宾公司、华为技术公司、中兴通讯公司、上海贝尔股份有限（菲律宾）公司、特变电工公司等。

（二）落地项目

上海电力建设有限责任公司承建菲律宾考斯瓦根 4X135MW 燃煤电厂项目；华为技术有限公司承建菲律宾电信；青建集团股份公司承建东萨马省 CP3、CP2 公路。

土耳其

一、国家地理等概况

土耳其共和国面积 78.36 万平方公里，其中 97% 位于亚洲的小亚细亚半岛，3% 位于欧洲的巴尔干半岛。世界银行 2015 年统计数据，人口 7866 万，土耳其族占 80% 以上，库尔德族约占 15%；城市人口为 4970 多万，占总人口的 70.5%。土耳其语为国语。99% 的居民信奉伊斯兰教，其中 85% 属逊尼派，其余为什叶派（阿拉维派）；少数人信仰基督教和犹太教。首都位于安卡拉，人口 496 万，年最高气温 31℃，最低气温 –4℃。

二、产业情况

土耳其的工业和农业均有一定基础,轻纺、食品工业发达,粮、棉、蔬菜、水果、肉类等基本能够自给。土耳其的实体经济规模不断扩大，经济基础较为稳固，不少欧美投资者将目光转向土耳其，土耳其外来资本持续流入，股市已接近历史最高水平，银行业净利润较上年同期增长 19.4%。土耳其已成为全球第 16 大经济体、欧洲第 6 大经济体。根据世界银行最新的统计数据，2015 年的主要经济数字如下：国内生产总值为 7182 亿美元，人均国内生产总值为 9130 美元，国内生产总值同比增长 4%。

（一）资源

矿产资源丰富，主要有大理石、硼矿、铬、钍和煤等，总值超过 2 万亿美元。其中，大理石储量占世界的 40%，品种数量均居世界第一。三氧化二硼储量 7000 万吨，价值 3560 亿美元；钍储量占全球总储量的 22%；铬矿储量 1 亿吨，居世界前列。此外，黄金、白银、煤储量分别为 450 吨、1100 吨和 85 亿吨。石油、天然气资源匮乏，需大量进口。水资源短缺，人均拥水量只有 1430 立方米。

（二）工业

工业基础好，主要有食品加工、纺织、汽车、采矿、钢铁、石油、建筑、木材和造纸等产业。

（三）农业

农业基础较好，主要农产品有烟草、棉花、稻谷、橄榄、甜菜、柑橘、牲畜等。粮、棉、果、蔬、肉等主要农副产品基本实现自给。近年来，农业机械化程度提高，机耕面积不断扩大。木材加工业发达。森林面积 22 万平方公里。

（四）旅游业

旅游业是土耳其外汇收入的重要来源之一。主要旅游城市有：伊斯坦布尔、伊兹密尔、安塔利亚、布尔萨、安卡拉、科尼亚等。亚洛瓦温泉、特洛伊、埃菲斯等古城遗址和卡帕多西亚、库什湖是主要风景名胜地。

（五）财政金融

金融市场虽受欧债危机冲击，但得益于实体经济快速增长，金融市场总体保持稳定，银行不良贷款率控制在 3% 以下。

（六）对外贸易

随着国民经济的快速发展，对外贸易总值和数量不断增加。主要进口商品为原油、天然气、化工产品、机械设备、钢铁等；主要出口产品是农产品、食品、纺织品、服装、金属产品、车辆及零配件等。近年来，钢铁、汽车、家电及机械产品等逐步进入国际市场。

三、土耳其对外国投资合作的政策

土耳其向外资提供的优惠政策可分为以下 3 类：

一般优惠政策：进口设备免关税和基金费；投资补贴；进口或当地采购的机器设备免 VAT；出口达 1 万美元可免某些印花税、关税和手续费。

中小企业的优惠待遇：专为中小型外资企业提供的优惠政策措施。

落后地区的优惠待遇：雇佣 10 个工人以上的公司 5 年免公司和收入税，无需"优惠证书"。这些优惠政策在《外资法》和《互惠保护和促进投资条约》中有规定，欲获得优惠，需从财政署获得"优惠证书"。

限制行业：外国投资进入土耳其某些行业受到限制。这些限制一是取决于土耳其加入世贸组织关于服务贸易所做的承诺；二是取决于其国内立法的规定。限制行业主要有广播、石油、航空、海运、金融、房地产等。限制方式有投资禁止、股比限制、进口许可证、购置数量等。在金融服务（包括银行和保险）和石油行业建立企业须获政府的特别批准。外商的股权比例在广播业限制为20%；在航空和航海运输业限制为49%。半导体、电视机，外国投资股份不得超过25%；邮政、电讯、电报，外国投资股份不得超过51%。经土耳其内政部批准，中国公民可在土耳其购置一处住宅。

四、土耳其对外经贸关系

[双边贸易] 中国商务部统计数据显示，2015年中土两国货物贸易额达到215.7亿美元，同比减少6.3%。其中土耳其自中国进口186.17亿美元，同比减少3.57%；对华出口29.48亿美元，同比下降20.57%；土耳其对华贸易逆差156.69亿美元，同比增长0.47%。

根据土耳其国家统计局统计，2015年，中国为土耳其第一大进口来源国，全年土耳其自中国进口248.65亿美元，对华出口仅为24.15亿美元，中国为其仅次于德国的第二大贸易伙伴国和第一大贸易逆差来源国。在对中国出口普遍下降的情况下，机电产品、食品、植物产品等出口分别增长7.2%、27.9%和195.8%，是土耳其对中国出口中保持增长的三类主要大类产品。

[投资] 据中国商务部统计，2015年当年中国对土耳其直接投资流量6.28亿美元。截至2015年末，中国对土耳其直接投资存量13.29亿美元。

[承包工程] 中国企业在土耳其投资和工程承包主要集中在电信、金融、交通、能源、采矿、制造、农业等领域。

["一带一路"合作备忘录] 2015年11月，习近平主席访问土耳其期间，中土两国元首共同见证了签署《关于"一带一路"倡议和"中间走廊"倡议相对接的谅解备忘录》，为双方在"一带一路"框架内推进各领域合作提供了重要的政策支持。

[货币互换协议] 2015年，中国人民银行与土耳其中央银行续签了双边本币互换协议。互换规模由2012年的100亿元人民币（即30亿土耳其

里拉）扩大至 120 亿元人民币（即 50 亿土耳其里拉），有效期仍为三年，经双方同意可以展期。

五、土耳其能够给中国企业提供投资合作咨询的机构

（一）中国驻土耳其大使馆经商参处

电话：0090-3124377107

（二）土耳其中资企业协会

电话：0090-312-4911129/30

（三）土耳其驻中国大使馆

电话：010-65321715

（四）土耳其投资促进机构

电话：0090-3124138900

（五）中国商务部研究院海外投资咨询中心

网址：www.caitec.org.cn

六、已在土耳其落地的部分中国企业和项目

（一）落地企业

华为技术有限公司、中兴通讯有限公司、中国通用技术集团、中国钢铁工业集团、中国机械设备工程有限公司、中国航空技术国际有限公司、中国铁道建筑总公司、中国天辰国际工程有限公司、中电电气（南京）光伏有限公司、中国中车股份有限公司、重庆力帆集团、新希望集团、中国海南航空集团、中国南方航空集团、中国国际航空集团、中国工商银行、中国银行、中国国家开发银行等。

（二）落地项目

中国天辰工程有限公司承建土耳其天然碱及电站项目；华为技术有限公司承建土耳其电信；上海振华重工（集团）股份有限公司承建 ZP2142 土耳其岸桥；国家电力投资集团参与投资的土耳其第三核电站项

目；中国铁路工程总公司中标并已经开工建设的 60 亿美元的伊斯坦布尔机场第三候机楼项目；中国工商银行以 3.16 亿美元收购土耳其纺织银行 75.5% 的股份，在伊斯坦布尔金融区正式挂牌营业；上海电力、中航国际、土耳其 EMBA 公司原股东按股比共同投资建设土耳其胡努特鲁 2×660 兆瓦燃煤电站项目。

土库曼斯坦

一、国家地理等概况

土库曼斯坦面积49.12万平方公里。人口537.3万（世界银行2015年统计数据），主要民族有土库曼族（94.7%）、乌孜别克族（2%）、俄罗斯族（1.8%），此外，还有哈萨克、亚美尼亚、鞑靼、阿塞拜疆等120多个民族（1.5%）。官方语言为土库曼语，俄语为通用语。绝大多数民族信仰伊斯兰教（逊尼派），俄罗斯族和亚美尼亚族信仰东正教。首都位于阿什哈巴德，1月份平均气温为2.1℃，7月份平均气温为30.7℃。

二、土库曼斯坦对外国投资合作的政策

优惠政策：土库曼斯坦对外国投资的优惠措施主要体现在海关、进出口管理、税收、签证制度等方面。

限制或禁止的行业：卫生、制药、渔业、能源产品销售、食品生产和销售、危险品储藏和运输、航空、海运和内河航运、公路运输、电力、通讯、化工产品生产和销售、建材生产、建筑、教育、出版和印刷、旅游、体育休闲、博彩、保险、证券、资产评估、银行、有色金属、通关服务、法律服务、涉外劳务、文化传媒等。土库曼斯坦对上述业务（行业）实行许可证管理制度。

鼓励的行业：矿产资源开采和加工行业、纺织行业、基础设施建设、旅游业等。

投资方式的规定：土新版《外商投资法》于2008年正式生效。《外商投资法》中指出，外商投资者包括：外国法人，包括其在土的分支机构和代表处；国际组织；其他国家；外国自然人和无国籍人士；定居国外的本国公民。因此，原则上，外国自然人也可以参与土当地的工程承包项目。允许外商投资的方式包括：与土法人和自然人共同参股企业；设立完全属

于外国投资者的企业、外国法人分支机构或获取现有企业的所有权；取得动产和不动产；提供外国借款和放贷；取得土法律规定的产权和非产权。允许投资的形式包括：外汇、其他货币财富及土货币；动产和不动产；股票、债券；任何有价值的知识产权；有偿服务；其他。土库曼斯坦无外资并购的相关法律规定。

行业投资政策：土库曼政府并未对具体行业设立专项的投资鼓励政策。根据土库曼斯坦《外国投资法》规定，外资享受的优惠政策主要包括：

海关优惠：对作为外资企业注册资本投入的财产和用于企业生产产品所需的财产免征关税和海关手续费等。

进出口产品优惠：外资企业有权出口自产产品（含工程、服务）和进口自需产品（含工程、服务），无须办理许可证等。

三、土库曼斯坦能够给中国企业提供投资合作咨询的机构

根据《土库曼斯坦外国投资法》规定，土政府内阁和其授权机关——经济和发展部（法人和投资项目国家注册管理局、外资政策局）共同负责协调管理外国对土的投资活动。土内阁职责包括：制定土国际投资合作政策并监督其落实情况；确定优先引资项目、领域和地区等。而经济和发展部的职责包括：协调外资领域的活动；建立和管理外商投资项目筹备和实施进度的资料库；组织对外商投资项目进行鉴定和注册；为外国投资者提供市场信息服务及咨询服务等。

四、已在土库曼斯坦落地的部分中国企业和项目

（一）落地企业

中石油（土库曼斯坦）阿姆河天然气公司、中国石油川庆钻探工程公司土库曼斯坦分公司、中石化胜利石油管理局土库曼斯坦分公司、中国石油技术开发公司土库曼斯坦分公司、中石油集团东方地球物理勘探公司土库曼斯坦分公司、中国石油工程建设（集团）公司土库曼斯坦分公司、长城钻井土库曼斯坦分公司、华为技术公司驻土库曼斯坦代表处等。

（二）落地项目

中国石油工程建设公司承建300亿方每年增供气项目；中国石油工程

建设公司承建巴格德雷合同区域基尔桑、鲍－塔－坞、奥贾－桑迪气田内部输出 EPCC 项目；中国石油工程建设公司承建法拉普到 A 区一厂新建铁路项目 EPCC 总承包合同；中国石油天然气集团公司承建的中土天然气管道项目；中石化胜利石油管理局执行的当地油井修复和钻井项目；中国石油技术开发公司向土库曼斯坦出口油气设备项目；华为技术有限公司向土库曼斯坦出口通信设备及网络设施改造项目等。

乌克兰

一、国家地理等概况

乌克兰位于欧洲东部，黑海、亚速海北岸。北邻白俄罗斯，东北接俄罗斯，西连波兰、斯洛伐克、匈牙利，南同罗马尼亚、摩尔多瓦毗邻，面积 60.37 万平方公里。乌克兰国土面积的 2/3 为黑土地，占世界黑土总量的 1/4。境内有 100 多条流长超过 100 公里的河流，2 万多个湖泊。森林资源较为丰富，森林覆盖率为 43%，跨越三个植被带——森林沼泽带、森林草原带和草原带。人口 4519 万（世界银行 2015 年统计数据），共有 130 多个民族，乌克兰族约占 77%，俄罗斯族约占 20%，其他为白俄罗斯、犹太、克里米亚鞑靼、摩尔多瓦、波兰、匈牙利、罗马尼亚、希腊、德意志、保加利亚等民族。官方语言为乌克兰语。主要宗教为东正教和天主教。

二、乌克兰对外国投资合作的政策

1991 年 11 月 19 日，《乌克兰投资法》正式生效，经历 20 余次修改和补充。1996 年 4 月 25 日，《乌克兰外国投资制度法》正式生效，并经历了 8 次修改和补充。乌克兰对外国投资者采取国民待遇原则，提供与国内投资者平等的条件。

投资方式的规定：外商可按以下方式进行投资：对乌克兰现有企业部分参股或购买其股权；成立外商独资企业、分公司或购买乌克兰企业的全部股权；通过直接获取财产、股票、债券及其他有价证券的方式购买乌克兰法律不予禁止的不动产和动产，包括房屋、公寓、处所、设备、交通工具及其他所有权主体；独立购买或与乌克兰法人、自然人共同购买乌克兰境内的土地和自然资源的使用权；购买其他财产权；购买产品分割协议规定的经营（生产）权等。

根据乌克兰的法律，成立的任何法律组织形式的外国投资企业，其法定基金中的外国投资不低于10%。外国资金注资之日起，该企业即可获得外国投资企业地位。

投资方式：乌克兰政府分别于2009年1月15日和2010年7月1日出台了《特许经营权法》和《公私合作制法》。1999年12月11日，乌克兰内阁公布的 NO.2293 号文件《国家允许特许经营项目清单》列明了项目实施的主要产业和领域：建设或者经营公路、铁路、地铁、轻轨、石油和天然气管道运输、港口、码头、海运、电信、电力、探矿及采矿、机械制造、污水处理及供水、灌溉和排水系统维护等。

根据《特许经营权法》，特许经营年限根据不同的项目内容而有所不同，在所签订的合同中予以明确，但一般不少于10年、不超过50年。截至目前，乌克兰还没有外资企业采用BOT、特许经营权融资建设模式实施项目的范例。乌克兰国内首个BOT项目是"利沃夫—科拉克维茨公路"建设。工程建设投资的60%来自特许经营者，国家投资40%，特许经营年限为45年。

三、乌克兰能够给中国企业提供投资合作咨询的机构

乌克兰主管国内和国外投资的政府部门是乌克兰经济发展和贸易部，该部下属的"投资司"主要负责实施投资政策。其主要职责有：起草有关国家投资政策的法律提案，投资和创新项目的分析，对国家设立特别（自由）经济开发区、工业（产业）园区、优先发展区、科技园区等促进投资和创新项目提出建议，就有关国家投资政策协调中央和地方关系，落实措施、营造乌克兰积极的投资形象，对开展吸引固定资产投资、外商直接投资进行分析，提供合理化建议以刺激投资，按法律规定、在项目许可范围内检验和选择需要政府支持的投资项目。

四、已在乌克兰落地的部分中国企业和项目

联想、华为、中国成套、法斯提夫化纤厂、中兴、三一重工、中建材、泛达农业、中农发、南方农业、诺普信、运城彩印、TP-Link、JLM、乌克兰国旅。

阿联酋

一、国家地理等概况

阿拉伯联合酋长国面积 83600 平方公里（包括沿海岛屿）。人口 915 万（世界银行 2015 年统计数据），外籍人口占 88.5%，主要来自印度、巴基斯坦、埃及、叙利亚、巴勒斯坦等国。居民大多信奉伊斯兰教，多数属逊尼派。阿拉伯语为官方语言，通用语言为英语。首都位于阿布扎比。

二、阿联酋对外国投资合作的政策

优惠政策：为鼓励外国投资，阿联酋整体赋税水平较低。阿联酋在联邦层面对企业和个人基本上实施无税收政策，无所得税、增值税、消费税和中间环节的各种税收；从法律上讲，外国合资、独资企业与当地企业地位平等。从各个酋长国的层面看，各酋长国关于各自区域内的自由贸易区的政策成为吸收外国投资的基本优惠政策框架。

对于行业的鼓励和优惠政策，主要体现在以下两个方面：①针对不同行业征收不同的税赋。各酋长国拥有独立征税的权力，可在不同程度上对企业征收"公司税"，这些企业主要集中于外国银行和外国石油公司；对某些商品及服务业则可征收所谓的"间接税"。②各地区根据自身条件设置不同的产业发展区，给予各种优惠，如迪拜汽车城等，并通过自由贸易区的形式推动这些产业的快速发展。此外，即将出台的外国直接投资法将允许自由区外的外资企业在部分行业领域实现 100% 的独资。这些行业包含阿联酋正在大力发展的航天、新能源等高科技领域。

禁止行业：只有阿联酋公民或由阿联酋公民完全所有的企业法人方可提供下列服务：商业代理，房地产服务，汽车租赁服务，农业、狩猎和林业服务（包括兽医药），渔业服务，人力资源服务，公路运输服务，调查和安保服务。

限制行业：WTO 服务贸易领域中的娱乐、文化、体育服务和视听服务中仅下列领域允许外商投资：艺术、电影工作室，剧团，电影院，剧场，艺术品展览馆，体育活动。外商对自然资源领域的投资规定由各酋长国制定。

阿联酋的石化工业完全由各酋长国自行所有，外商投资必须以合资企业的形式并由国家控股。电力、水、气等资源领域也均由国家垄断，但是近年阿布扎比酋长国已开始将一些水电项目部分私有化。

三、已在阿联酋落地的部分中国企业和项目

（一）落地企业

华为阿联酋分公司、中兴公司、中国石油工程建设公司、中化 Atlantis 等。

（二）落地项目

2015 年 12 月 15 日，阿联酋与中国发表联合声明称，两国推出了一个共同战略投资基金，规模为 100 亿美元。该基金将由阿布扎比国家投资基金 Mubadala 和中国国家开发银行的一个下属机构管理。双方出资额相同。推出该基金的目的，是为了建立一个平衡型基金，包含多元化商业投资并覆盖多个成长型领域；2015 年 10 月，阿联酋迪拜水电局宣布，中国哈尔滨电气国际工程公司（哈电国际）和沙特电力组成的联合体预中标迪拜 Hassyan 清洁煤电站一期项目，项目金额为 18 亿美元。Hassyan 清洁煤电站项目共分为三期，其中一期 2×600 兆瓦项目采用国际公开招标，特许经营权年限为商业运营 25 年，2016 年第二季度开工，首台机组预计 2020 年 3 月运行，2021 年 3 月全厂投运。待后续二三期建成后，这一电站装机发电量将达到 3600 兆瓦；中国建筑工程总公司承建棕榈岛度假酒店 PJTRH02-03；中国石油工程建设公司承建阿布扎比原油管线项目；华为技术有限公司承建阿联酋电信等。

乌兹别克斯坦

一、国家地理等概况

乌兹别克斯坦共和国面积 44.74 万平方公里，人口 3129.9 万（世界银行 2015 年统计数据）。共有 130 多个民族，乌孜别克族占 80%，俄罗斯族占 5.5%，塔吉克族占 4%，哈萨克族占 3%，卡拉卡尔帕克族占 2.5%，鞑靼族占 1.5%，吉尔吉斯族占 1%，朝鲜族占 0.7%。此外，还有土库曼、乌克兰、维吾尔、亚美尼亚、土耳其、白俄罗斯族等。乌兹别克语为官方语言，俄语为通用语。主要宗教为伊斯兰教，属逊尼派，其次为东正教。首都位于塔什干，1 月份，平均气温为 0℃，7 月份平均气温为 28℃。货币名称：苏姆。

二、产业情况

乌自然资源丰富，是世界上重要的棉花、黄金产地之一。国民经济支柱产业是"四金"：黄金、"白金"（棉花）、"乌金"（石油）、"蓝金"（天然气）。但经济结构单一，制造业和加工业落后，苏联时期是工业原料和农牧业产品供应地。近年来，乌分阶段、稳步推进市场经济改革，实行"进口改造替代"和"出口导向"经济发展战略，同时对国有企业进行私有化和非国有化，积极吸引外资，大力发展中、小企业，逐步实现能源和粮食自给，基本保持了宏观经济和金融形势的稳定，经济实现较快发展。2011年，乌经济保持高速稳定增长，国内生产总值增长 8.3%，工业增长 6.3%，农业增长 6.6%，服务业增长 16.1%，国家预算盈余占 GDP 的 0.4%，通货膨胀率未超过预期。出口种类增多，总量增长 15.4%，外贸盈余和黄金储备大幅增加。根据世界银行最新的统计数据，2015 年的主要经济数字如下：国内生产总值为 667 亿美元，人均国内生产总值为 2132.1 美元，国内生产总值同比增长 8%。

（一）资源

资源丰富，矿产资源储量总价值约为3.5万亿美元。现探明有近100种矿产品。其中，黄金储量占世界第4位，石油已探明储量为5.84亿吨，凝析油已探明储量为1.9亿吨，天然气已探明储量为2.055万亿立方米，煤储量为20亿吨，铀储量居世界第7位，铜、钨等矿藏也较为丰富。森林覆盖率为12%。

（二）工业

工业主要部门为能源、电力、黑色和有色冶金、化工、机械制造、木材加工、建筑材料、轻纺、食品等。

（三）农业

棉花种植业为支柱产业，畜牧业、桑蚕业、蔬菜水果种植业等也占据重要地位。乌独立后，粮食、棉花产量有较大增长。总耕地面积为360.85万公顷，农业人口1660万。近几年，由于工业快速发展，农业产值在国民生产总值中的比重下降。经济结构的调整导致粮食种植面积减少。

（四）旅游业

全国现有4000多处历史、宗教、建筑古迹，主要集中在塔什干、撒马尔罕、布哈拉、希瓦等城市。

（五）财政金融

自2003年10月15日实施汇率并轨后，保持本币苏姆经常项目下可自由兑换，金融市场较为稳定。

（六）对外贸易

政府鼓励对外贸易。目前，乌与120多个国家有贸易关系。主要出口能源、皮棉、黑色金属、有色金属、机械，进口机械、化工和塑料制品、粮食等。最大的贸易伙伴是俄罗斯，紧随其后为哈萨克斯坦、中国、韩国、土耳其及阿富汗。

三、乌兹别克斯坦对外国投资合作的政策

优惠政策：乌兹别克斯坦出台了多部法律法规，如《向外资企业提供激励和优惠的补充决议》、《鼓励吸引外国私人直接投资的补充措施

的决议》、《鼓励商品（工程、服务）出口的补充措施的决议》、《保护私有财产和保证所有者权益法》、《保证企业经营自由法》（新版）、《关于促进吸引外国直接投资补充措施》的总统令等，向外资提供了减、免税的优惠政策框架，给予在偏远地区投资设厂的外资企业 3 年、5 年和 7 年不等的税收优惠待遇。2012 年，乌兹别克斯坦政府取消针对各类企业的 80 种许可程序和 15 类许可证项目，以改善投资环境，吸引各类投资。2012 年 4 月，乌兹别克斯坦总统卡里莫夫签发了《关于促进吸引外国直接投资补充措施》的总统令，进一步完善吸引外资新举措和明确优惠领域。

行业投资：乌兹别克斯坦政府给予在塔什干市和塔什干州以外地区的外国直接投资企业各种税收优惠政策，如免缴法人利润税、法人财产税、公共设施及社会基础设施发展税、统一税费、共和国道路基金强制费。此前提是外资注册资本比重超过 30%，投入的是可自由兑换货币或新型技术工艺设备、优惠收入 50% 以上用于再投资等，且没有政府担保。享受优惠的行业包括：无线电电子、电脑配件、轻工业、丝绸制品、建材、禽肉及蛋类生产、食品工业、肉乳业、渔产品加工、化学工业、石化、医疗、兽医检疫、制药、包装材料、可再生能源利用、煤炭工业、五金制品、机械制造、金属加工、机床制造、玻璃陶瓷业、微生物产业、玩具制造等。可享受的优惠期限为：投资额 30 万 ~ 300 万美元享受 3 年优惠期；投资额 300 万 ~ 1000 万美元享受 5 年优惠期；投资额 1000 万美元以上享受 7 年优惠期。2012 年，出台的吸引外资新举措规定，新建外资企业，如外商现金投资额不低于 500 万美元，在税收法律发生变化的情况下，有权在 10 年内沿用其完成国家注册时实行的法人利润税、增值税（商品、工程、服务流通环节）、财产税、社会基础设施税、统一社会缴费、统一税、共和国道路基金和教育及医疗机构改造、大修和装备基金强制缴费缴纳标准和规定；如投资项目总金额超过 5000 万美元，且外商投资比例不低于 50%，生产场地外部必需的工程和通信网络由乌财政预算资金和其他内部融资渠道出资建设。

限制行业：对国家垄断行业，诸如能源及重点矿产品（如铀）开发等领域有股权限制，外资所占股份一般不得超过 50%；对航空、铁路等领域则完全由国家垄断。

鼓励支持行业：对无线电电子、电脑配件、轻工业、丝绸制品、建材、禽肉及蛋类生产、食品工业、肉乳业、渔产品加工、化学工业、石化、医疗、兽医检疫、制药、包装材料、可再生能源利用、煤炭工业、五金制品、机械制造、金属加工、机床制造、玻璃陶瓷业、微生物产业、玩具制造等行业，政府对其持鼓励支持态度并给予免除法人利润税、财产税、社会基础设施营建税、共和国道路基金强制税及小微企业统一税等优惠政策。

四、乌兹别克斯坦对外经贸关系

［双边贸易］2000 年以来，中国和乌兹别克斯坦贸易规模不断扩大，保持较快增长。据中国海关统计，2015 年中国与乌兹别克斯坦双边贸易额为 34.97 亿美元，同比下降 18.2%。

［工业园］由温州金盛贸易有限公司投资建设的鹏盛工业园位于乌兹别克斯坦锡尔河州锡尔河区，2009 年开工建设，2013 年被列入乌兹别克斯坦吉扎克工业特区锡尔河分区，享受乌政府提供的优惠政策。2014 年，被浙江省人民政府定为省级境外工业园，2016 年 1 月启动中国国家级境外工业园评审工作。截至 2015 年底，鹏盛工业园累计投资 9940 万美元，有 9 家中企在园区内落户，涉及陶瓷、阀门、手机制造、肠衣、皮革等领域，2015 年销售收入 7400 万美元，出口 2800 万美元，纳税 730 万美元，为当地创造就业岗位 1258 个。

［货币互换协议］2011 年 4 月 19 日，中国人民银行和乌兹别克斯坦签署 7 亿元人民币，约合 1670 亿乌兹别克苏姆的货币互换协议，协议有效期 3 年。目前已失效。

五、乌兹别克斯坦能够给中国企业提供投资合作咨询的机构

（一）中国驻大使馆经商参处

电话：00998-71-2861802、2861839

（二）驻中国大使馆

电话：010-65326305

（三）投资促进机构

网址：www.investuzbekistan.uz，www.uzinfoinvest.uz

（四）中国商务部研究院海外投资咨询中心

网址：www.caitec.org.cn

六、已在乌兹别克斯坦落地的部分中国企业和项目

（一）落地企业

中信建设公司、中技、中水电、华为公司、中兴公司、中元国际、中国重汽、南方航空公司、哈电、亿阳集团、鹏盛公司、华立仪表、中国铁道、中工国际等。

（二）落地项目

中工国际工程股份有限公司承建乌兹别克斯坦纳沃伊 PVC、烧碱、甲醇生产综合体项目；中工国际工程股份有限公司承建乌兹别克斯坦阿汉加兰水泥厂改造项目；中国技术进出口总公司承建乌兹别克斯坦后续日本国际协力组织贷款电气化改造项目（D021 合同）等。

越 南

一、国家地理等概况

越南社会主义共和国面积 329556 平方公里。人口 9170 万（世界银行 2015 年统计数据），有 54 个民族，京族占总人口的 86%，岱依族、傣族、芒族、华人、侬族人口均超过 50 万。主要语言为越南语（官方语言、通用语言、主要民族语言均为越南语）。主要宗教：佛教、天主教、和好教与高台教。首都位于河内，面积 3340 平方公里，人口 676 万人（2011 年）。夏季平均气温 28.9℃，冬季平均气温 18.9℃。海岸线长 3260 多公里。地处北回归线以南，属热带季风气候，高温多雨。年平均气温为 24℃ 左右。年平均降雨量为 1500 ~ 2000 毫米。

二、产业情况

越南为发展中国家。1986 年开始实行革新开放。1996 年，越共八大提出要大力推进国家工业化、现代化。2001 年，越共九大确定建立社会主义定向的市场经济体制，并确定了三大经济战略重点，即以工业化和现代化为中心，发展多种经济成分、发挥国有经济主导地位，建立市场经济的配套管理体制。2011 年，越共十一大通过了《2011—2020 年经济社会发展战略》，克服了国际金融危机的不利影响，实现了平稳较快的增长。根据世界银行最新的统计数据，2015 年的主要经济数字如下：国内生产总值为 1935.9 亿美元，人均国内生产总值为 2111.1 美元，国内生产总值同比增长 6.7%。货币名称：越南盾。

（一）资源

越南矿产资源丰富，种类多样。主要有煤、铁、钛、锰、铬、铝、锡、磷等，其中煤、铁、铝储量较大。有 6845 种海洋生物，其中鱼类 2000 种，蟹 300 种，贝类 300 种，虾类 75 种。森林面积约 1000 万公顷。

（二）工业

2011 年，越南工业生产指数增长 6.8%。其中，采矿业下降 0.1%，制造业增长 9.5%。主要工业产品：煤炭、原油、天然气、液化气、水产品等。

（三）农业

越南是传统的农业国，农业人口约占总人口的 75%。耕地及林地占总面积的 60%。粮食作物包括稻米、玉米、马铃薯、番薯和木薯等，经济作物主要有咖啡、橡胶、胡椒、茶叶、花生、甘蔗等。2011 年，越南农林渔业总产值为 245.9 万亿越盾，比 2010 年增长 5.2%，其中农、林、渔业产值分别增长 4.8%、5.7%、6.1%。

（四）服务业

近年来，越南服务业保持较快增长，2011 年服务业产值增长 6.99%。

（五）旅游业

越南旅游资源丰富，下龙湾等多处风景名胜被联合国教科文组织列为世界自然和文化遗产。近年来旅游业增长迅速，经济效益显著。2011 年全年接待国外游客 365.13 万人次，比上年增长 17.4%。主要客源国（地区）为中国（141.68 万）、韩国（53.64 万）、日本（48.15 万）、美国（43.99 万）、柬埔寨（42.34 万）、台湾地区（36.11 万）、澳大利亚（28.98 万）、马来西亚（23.31 万）、法国（21.14 万）。主要旅游景点有：河内市的还剑湖、胡志明陵墓、文庙、巴亭广场；胡志明市的统一宫、芽龙港口、莲潭公园、古芝地道和广宁省的下龙湾等。

（六）对外贸易

越南和世界上 150 多个国家和地区有贸易关系。近年来越南对外贸易保持高速增长，对拉动经济起到了重要作用。主要贸易对象为中国、美国、欧盟、东盟、日本、韩国。主要出口商品有：原油、服装纺织品、水产品、鞋类、大米、木材、电子产品、咖啡。主要出口市场为美国、欧盟、东盟、日本、中国。主要进口商品有：汽车、机械设备及零件、成品油、钢材、纺织原料、电子产品和零件。主要进口市场为中国、东盟、韩国、日本、欧盟、美国。

三、越南对外国投资合作的政策

2006 年 7 月 1 日，越南出台新的《投资法》，对国内和外商投资实行统一管理，取消之前《外国投资法》的诸多限制，进一步开放市场。取消的限制包括：要求优先购买、使用国内商品和服务，或必须购买国内某一生产厂家的产品和服务；要求商品或服务出口必须达到一定比例；限制出口商品和服务的种类、数量和价值；要求商品进口数量和价值与商品出口数量和价值相当或必须通过自身出口来平衡进口所需外汇；要求商品生产达到一定的国产化比例；要求研发工作达到一定水平或价值；要求在国内外某一具体地点提供商品及服务；要求总部设在某一具体地点等。

鼓励投资项目：新材料、新能源的生产；高科技产品的生产；生物技术；信息技术；机械制造；配套工业。种、养及加工农林水产；制盐；培育新的植物和畜禽种子。应用高科技、现代技术；保护生态环境；高科技研发与培育。使用 5000 人以上的劳动密集型产业。工业区、出口加工区、高新技术区、经济区及越南政府总理批准重要项目的基础设施建设。发展教育、培训、医疗、体育和民族文化事业的项目。其他需鼓励的生产和服务项目：25% 以上的纯利润用于研究与发展。

四、越南能够给中国企业提供投资合作咨询的机构

越南主管投资的部门是计划投资部，设有 31 个司和研究院，主要负责对全国"计划和投资"的管理，为制定全国经济社会发展计划和经济管理政策提供综合参考，负责管理国内外投资等。

五、已在越南落地的部分中国企业和项目

中国能源建设集团广东省电力设计研究院有限公司承建越南永兴一期燃煤电厂 BOT 项目；中国十九冶集团有限公司承建台塑河静高炉工程施T 项目；中国海诚工程科技股份有限公司承建理文集团越南后江省年产 40 万吨包装纸生产线；中国能建所属中电工程联合马来西亚 JAKS 公司投资越南海阳燃煤电厂 BOT 项目。

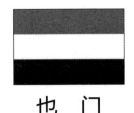

也 门

一、国家地理等概况

也门共和国面积 55.5 万平方公里。人口 2683 万（世界银行 2015 年统计数据）。绝大多数是阿拉伯人，官方语言为阿拉伯语。伊斯兰教为国教，什叶派的宰德教派和逊尼派的沙斐仪教派各占 50%。首都位于萨那，人口175 万。

二、也门对外国投资合作的政策

优惠政策：也门对投资实行"国民待遇"原则，没有对外国投资制定特殊的优惠政策框架，但允许外商投资享有以下特别待遇：①外国投资项目有权拥有土地及所有权。②允许外商独资。③外商在获得信用贷款方面有优先权。④允许外国投资者雇佣外籍劳工。⑤外商投资项目出口产品可获得退税。⑥可以自由转入 / 转出外汇。⑦可在 15日内完成投资注册手续。⑧满足以下条件者，企业所得税可由 35% 降至 15%：a. 投资项目在基础设施（能源、水利、道路）、交通、医疗、IT、旅游、工业、农业和制造业领域；b. 投资资本不少于 300 万美元且雇佣的本地劳动力不少于 100 人；c. 实际经营项目与注册项目相符；d. 未发生偷税漏税和拖欠工资现象；e. 报税时，应通过注册会计师审计。⑨满足以下条件时，投资项目可以享受关税豁免：a. 符合也门已签署的有关关税豁免的国际条约，或者符合也门与国际、区域组织及外方已签署的有关关税豁免的协议；b. 享受关税豁免的范围：事先在也门投资总局申报的、用于投资项目建设的机械、设备、渔业和海洋运输船舶、航运飞机；c. 在项目生命周期内，用于工业项目的生产投入品可享受 50% 的关税豁免。

三、已在也门落地的部分中国企业和项目

（一）落地企业

中石化也门分公司国际勘探公司、江苏油田也门项目部、华为公司、中兴通讯有限公司、中水远洋渔业公司驻也门代表处。

（二）落地项目

2014年，中石化国勘公司也门分公司已经拥有2个作业风险勘探区块和1个参股生产区块；中化勘探开发公司参股也门10区块经营；中水产公司在也门开展捕捞和加工合作项目。中国港湾工程有限责任公司承建也门亚丁港集装箱码头扩建项目；重庆市公路工程（集团）股份有限公司承建阿姆兰—亚丁高速公路项目A标段塔伊兹—多瑞；中石化中原石油工程有限公司承建也门钻修井项目；中材国际工程股份有限公司承建也门穆卡拉AYCC水泥厂项目。

附录：海外相关信息获取及风险提示

1.《关于进一步引导和规范境外投资方向的指导意见》

关于进一步引导和规范境外投资方向的指导意见

国家发展改革委 商务部 人民银行 外交部

近年来，我国企业境外投资步伐明显加快，规模和效益显著提升，为带动相关产品、技术、服务"走出去"，促进国内经济转型升级，深化与相关国家互利合作，推进"一带一路"建设和开展国际产能合作发挥了重要作用。当前国际国内环境正在发生深刻变化，我国企业开展境外投资既存在较好机遇，也面临诸多风险和挑战。为加强对境外投资的宏观指导，进一步引导和规范境外投资方向，推动境外投资持续合理有序健康发展，有效防范各类风险，更好地适应国民经济与社会发展需要，现提出以下意见：

一、指导思想

全面贯彻党的十八大和十八届三中、四中、五中、六中全会精神，深入贯彻习近平总书记系列重要讲话精神和治国理政新理念新思想新战略，认真落实党中央、国务院决策部署，统筹推进"五位一体"总体布局和协调推进"四个全面"战略布局，坚持以人民为中心的发展思想，坚持稳中求进工作总基调，牢固树立和贯彻落实创新、协调、绿色、开放、共享的发展理念，坚定奉行互利共赢的开放战略，不断创造更全面、更深入、更多元的对外开放格局，以供给侧结构性改革为主线，以"一带一路"建设为统领，深化境外投资体制机制改革，进一步引导和规范企业境外投资方向，促进企业合理有序开展境外投资活动，防范和应对境外投资风险，推动境外投资持续健康发展，实现与投资目的国互利共赢、共同发展。

二、基本原则

坚持企业主体。在境外投资领域充分发挥市场在资源配置中的决定性作用和更好发挥政府作用，以企业为主体、市场为导向，按照商业原则和国际惯例开展境外投资，企业在政府引导下自主决策、自负盈亏、自担风险。

坚持深化改革。创新体制机制，提高境外投资便利化水平，深入推进简政放权、放管结合、优化服务改革，坚持以备案制为主的境外投资管理方式，在资本项下实行有管理的市场化运行机制，按"鼓励发展＋负面清单"模式引导和规范企业境外投资方向。

坚持互利共赢。引导企业充分考虑投资目的国国情和实际需求，注重与当地政府和企业开展互利合作，创造良好的经济社会效益，促进互惠互利、合作共赢。

坚持防范风险。坚持稳中求进工作总基调，统筹国家经济外交整体战略，坚持依法合规，合理把握境外投资重点和节奏，积极做好境外投资事前、事中、事后监管，切实防范各类风险。

三、鼓励开展的境外投资

支持境内有能力、有条件的企业积极稳妥开展境外投资活动，推进"一带一路"建设，深化国际产能合作，带动国内优势产能、优质装备、适用技术输出，提升我国技术研发和生产制造能力，弥补我国能源资源短缺，推动我国相关产业提质升级。

（一）重点推进有利于"一带一路"建设和周边基础设施互联互通的基础设施境外投资。

（二）稳步开展带动优势产能、优质装备和技术标准输出的境外投资。

（三）加强与境外高新技术和先进制造业企业的投资合作，鼓励在境外设立研发中心。

（四）在审慎评估经济效益的基础上稳妥参与境外油气、矿产等能源资源勘探和开发。

（五）着力扩大农业对外合作，开展农林牧副渔等领域互利共赢的投资合作。

（六）有序推进商贸、文化、物流等服务领域境外投资，支持符合条件的金融机构在境外建立分支机构和服务网络，依法合规开展业务。

四、限制开展的境外投资

限制境内企业开展与国家和平发展外交方针、互利共赢开放战略以及宏观调控政策不符的境外投资，包括：

（一）赴与我国未建交、发生战乱或者我国缔结的双多边条约或协议规定需要限制的敏感国家和地区开展境外投资。

（二）房地产、酒店、影城、娱乐业、体育俱乐部等境外投资。

（三）在境外设立无具体实业项目的股权投资基金或投资平台。

（四）使用不符合投资目的国技术标准要求的落后生产设备开展境外投资。

（五）不符合投资目的国环保、能耗、安全标准的境外投资。

其中，前三类须经境外投资主管部门核准。

五、禁止开展的境外投资

禁止境内企业参与危害或可能危害国家利益和国家安全等的境外投资，包括：

（一）涉及未经国家批准的军事工业核心技术和产品输出的境外投资。

（二）运用我国禁止出口的技术、工艺、产品的境外投资。

（三）赌博业、色情业等境外投资。

（四）我国缔结或参加的国际条约规定禁止的境外投资。

（五）其他危害或可能危害国家利益和国家安全的境外投资。

六、保障措施

（一）实施分类指导。对鼓励开展的境外投资，要在税收、外汇、保险、海关、信息等方面进一步提高服务水平，为企业创造更加良好的便利化条件。对限制开展的境外投资，要引导企业审慎参与，并结合实际情况给予必要的指导和提示。对禁止开展的境外投资，要采取切实有效的措施予以严格管控。

（二）完善管理机制。加强境外投资真实性、合规性审查，防范虚假投资行为。建立境外投资黑名单制度，对违规投资行为实施联合惩戒。建立部门间信息共享机制。指导境内企业加强对其控制的境外企业的监督和管理，建立健全境外投资决策、财务管理和违规责任追究制度。建立国有企业境外投资资本金制度。完善国有企业境外投资审计制度，维护境外国有资产安全。

（三）提高服务水平。制定境外投资经营行为规范，引导企业建立健全境外合规经营风险审查、管控和决策体系，深入了解境外投资合作政策法规和国际惯例，遵守当地法律法规，合法经营。加强与有关国家在投资保护、金融、人员往来等方面机制化合作，为企业开展境外投资创造良好外部环境。支持境内资产评估、法律服务、会计服务、税务服务、投资顾问、设计咨询、风险评估、认证、仲裁等相关中介机构发展，为企业境外投资提供市场化、社会化、国际化的商业咨询服务，降低企业境外投资经营风险。

（四）强化安全保障。定期发布《国别投资经营便利化状况报告》，加强对企业赴高风险国家和地区投资的指导和监督，及时警示和通报有关国家政治、经济和社会重大风险，提出应对预案和防范措施，切实维护我国企业境外合法权益。督促企业开展境外项目安全风险评估，做好项目安全风险预测应对，建立完善安保制度，加强安保培训，提升企业境外投资安全风险防范能力。

各地区、各部门要按照本意见要求，合理把握境外投资的方向和重点，切实加强组织领导和统筹协调，落实工作责任，抓紧制定出台配套政策措施，扎实推进相关工作，确保取得实效。

2.《关于开展支持中小企业参与"一带一路"建设专项行动的通知》

工业和信息化部中国国际贸易促进委员会关于开展支持中小企业参与
"一带一路"建设专项行动的通知

工信部联企业〔2017〕191 号

各省、自治区、直辖市及计划单列市、新疆生产建设兵团中小企业主管部门，各省、自治区、直辖市、新疆生产建设兵团、副省级城市贸促会，各行业贸促会：

推进"一带一路"建设是党中央、国务院统筹国际国内两个大局做出的重大决策。中小企业是"一带一路"沿线各国对外经贸关系中最重要的合作领域之一，也是促进各国经济社会发展的重要力量。随着"一带一路"建设的不断推进，我国中小企业迎来了新的发展机遇和广阔的发展空间。为加强我国中小企业与"一带一路"沿线各国的经济技术合作和贸易投资往来，支持中小企业"走出去""引进来"，工业和信息化部、中国国际贸易促进委员会（以下简称"中国贸促会"）决定开展支持中小企业参与"一带一路"建设专项行动。有关事项通知如下：

一、总体要求

贯彻落实党中央、国务院支持中小企业发展的决策部署，以"一带一路"建设为统领，坚持共商共建共享原则，完善双边和多边合作机制，发挥中小企业在"一带一路"建设中的重要作用，深化我国中小企业与沿线各国在贸易投资、科技创新、产能合作、基础设施建设等领域的交流与合作，构建和完善支持中小企业国际化发展的服务体系。支持中小企业技术、品牌、营销、服务"走出去"，鼓励中小企业引进沿线国家的先进技术和管理经验，加快培育中小企业国际竞争新优势。

二、重点工作

（一）助力中小企业赴沿线国家开展贸易投资

1. 支持中小企业参加国内外展览展销活动。创新中国国际中小企业博览会办展机制，推进国际化、市场化、专业化改革，重点邀请沿线国家共同主办，并设立"一带一路"展区，继续为中小企业参展提供支持。鼓励中小企业参与工业和信息化部、中国贸促会举办的境内外展会和论坛活动。支持各地中小企业主管部门与贸促会分支机构合作开展专门面向沿线国家中小企业的展览活动，帮助中小企业特别是"专精特新"中小企业展示产品和服务，为中小企业搭建展示、交易、合作、交流的平台。

2. 建立经贸技术合作平台。共同搭建"中小企业'一带一路'合作服务平台"，为中小企业提供沿线国家经贸活动信息，支持各地中小企业主管部门、中小企业服务机构和贸促会分支机构联合开展企业洽谈、项目对接等活动。鼓励中小企业服务机构和企业到沿线国家建立中小企业创业创新基地，开展技术合作、科研成果产业化等活动。吸引沿线国家中小企业在华设立研发机构，促进原创技术在中国孵化落地。

3. 鼓励中小企业运用电子商务开拓国际市场。支持各地中小企业主管部门积极参与中国贸促会跨境电子商务示范园区和单品直供基地建设，鼓励并支持创新性的中小型跨境电商企业入驻发展。大力推进中国贸促会"中国跨境电商企业海外推广计划"，针对中小企业在通关报检、仓储物流、市场开拓、品牌建设等方面的需求，引入第三方专业机构，提供定制化服务，帮助中小企业利用跨境电子商务开展国际贸易。

4. 促进中小企业开展双向投资。支持在有条件的地方建设我国与沿线国家中小企业合作区，进一步发挥合作区引进先进技术、管理经验和高素质人才的载体作用，在中小企业服务体系建设、技术改造、融资服务、小型微型企业创业创新基地建设、人才培训等方面提供指导和服务。大力培养外向型产业集群。组织中小企业赴境外园区考察，引导企业入园发展，协助园区为入驻企业提供展览展示、商事法律、专项培训等服务，帮助中小企业提高抗风险能力。通过以大带小合作出海，鼓励中小配套企业积极跟随大企业走向国际市场，参与产能合作和基础设施建设，构建全产业链战略联盟，形成综合竞争优势。促进与沿线国家在新一代信息技术、生物、新能源、新材料等新兴产业领域深入合作。

（二）为中小企业提供优质服务

5. 加强经贸信息、调研等服务。加大信息收集、整理、分析和发布力度，用好网站、微信公众号、报纸杂志等载体，提供沿线国家的政治环境、法律法规、政策准入、技术标准、供求信息、经贸项目、商品价格、文化习俗等信息，重点发布沿线国家投资风险评估报告和法律服务指南。注重收集并向沿线国家政府反映我中小企业合理诉求，维护其在当地合法权益。支持建立产学研用紧密结合的新型智库，重点面向中小企业，围绕沿线国家产业结构调整、产业发展规划、产业技术方向等开展咨询研究。实施"中小企业'一带一路'同行计划"，聚合国际合作服务机构，加强信息共享，强化服务协同，助力中小企业走入沿线国家。鼓励中小企业服务机构、商业和行业协会到沿线国家设立分支机构，发挥中国贸促会驻外代表处、境外中资企业商协会和企业作用，探索在条件成熟的沿线国家设立"中国中小企业中心"，为中小企业到沿线国家投资贸易提供专业化服务。

6. 强化商事综合服务。构建面向中小外贸企业的商事综合服务平台，提供商事认证、商事咨询、外贸单据制作、国际结算、出口退税等综合服务。继续完善"中小企业外贸综合服务平台"功能，为广大中小企业提供贸易投资咨询、通关报检、融资担保、信用评级等一揽子外贸服务。

7. 完善涉外法律服务。建立健全中小企业风险预警机制，帮助中小企业有效规避和妥善应对国际贸易投资中潜在的政治经济安全和投资经营风险。开通中小企业涉外法律咨询热线，及时解答企业涉外法律问题并提供解决方案。建立健全中小企业涉外法律顾问制度，提供一体化综合法律服务。组织经贸摩擦应对，帮助中小企业依法依规解决国际经贸争端，维护海外权益。深入实施中小企业知识产权战略推进工程，提升中小企业知识产权创造、运用、保护和管理能力。完善知识产权管理和专业化服务，降低中小企业知识产权申请、保护、维权成本，推动知识产权转化。帮助中小企业开展境外知识产权布局，妥善应对涉外知识产权纠纷。

（三）提升中小企业国际竞争力

8.开展专题培训。围绕中小企业关注的焦点问题，开展多层次专题培训，帮助中小企业提升经营管理水平和国际竞争能力。进一步发挥国家重大人才工程的作用，深入实施中小企业领军人才培训计划，共同开展中小企业国际化经营管理领军人才培训，加大对中小企业跨国经营管理人才培训力度。

9.提高中国品牌海外影响力。开展"中国品牌海外推广计划"，引导企业增强品牌意识，提升品牌管理能力。通过帮助中小企业有选择地赴海外参展，组织产品发布会等活动，宣传推介自创品牌及产品，为中国品牌"抱团出海"搭建促进平台。

10.引导企业规范境外经营行为。引导中小企业遵守所在国法律法规，尊重当地文化、宗教和习俗，保障员工合法权益，做好风险防范，坚持诚信经营，抵制商业贿赂。注重资源节约利用和生态环境保护，主动承担社会责任，实现与所在国的互利共赢、共同发展。

三、保障措施

（一）加强组织领导。工业和信息化部与中国贸促会联合成立工作组，负责指导专项行动的落实，制订年度工作计划，定期评估成效。建立工作机制，整合服务资源，创新服务模式，完善政策措施，形成工作合力。

各地中小企业主管部门、中国贸促会各部门各单位、各地方和行业贸促会要加强组织领导，建立支持中小企业参与"一带一路"建设专项行动的工作协调机制，结合本地实际制订工作计划，明确工作目标及责任人。

（二）发挥多双边机制作用。工业和信息化部继续深化中小企业领域的多双边政策磋商机制，鼓励和支持各地中小企业主管部门、中小企业服务机构与沿线国家有关政府部门、行业协会、商会等建立合作机制，扩大利益汇合点，加强在促进政策、贸易投资、科技创新等领域的合作，探索更多更有效的互利共赢模式。

中国贸促会发挥多双边工商合作机制作用，与有关国际组织、沿线国家贸易投资促进机构、商协会建立并拓展合作关系，为中小企业参与"一带一路"建设营造良好环境。

（三）加强政策与舆论引导。各地方中小企业主管部门要结合本地区产业发展情况，加强产业政策引导，指导和鼓励本地区有条件的中小企业积极参与"一带一路"建设。及时总结中国中小企业国际合作的经验，推介成功案例并做好风险提示，通过示范引领，为中小企业"走出去"提供参考和借鉴。大力宣传中小企业在推进"一带一路"建设中的重要作用，及时准确通报信息，讲好"中国故事"，突出平等合作、互利共赢、共同发展的合作理念，积极推介我国中小企业产品、技术和优势产业。

特此通知。

工业和信息化部

中国国际贸易促进委员会

2017 年 7 月 27 日

3. 外交部全球领事保护与服务应急呼叫中心（12308 热线）

12308 热线于 2014 年 9 月 2 日正式启动运行，全年无休且 24 小时向海外中国公民和企业提供领事保护咨询与服务。呼叫中心热线电话号码为 12308（或 59913991，在国外拨打方式与拨打北京市电话号码相同）。

12308 热线重点在于"领事保护"，核心在于"应急"，同时兼顾常见领保和领事证件咨询服务。主要职责有：一是为遇到紧急情况的求助人提供领保应急指导与咨询，必要时协调有关驻外使领馆跟进处理；二是向求助人介绍一般性领保案件的处置流程，并根据当事人需求提供建议；三是在发生重大突发领保案件时，承担应急处置"热线"功能，接受社会各界的咨询；四是为中国公民提供领保常识及领事证件咨询服务。呼叫中心热线增加了中国公民寻求领事保护与协助的选择，并不替代各驻外使领馆此前公布的领保电话和证件咨询电话。

中国公民在海外遭遇重大事故、自然灾害等人身安全受到威胁的紧急情况时，可以拨打 12308 热线，按"0"再按"9"优先转人工服务。如有其他领事保护与协助请求，或需要咨询护照、签证以及各国安全情况等信息，建议优先登陆中国领事服务网以及中国驻相关国家使领馆网站获取信息，或是通过 12308 热线自助语音服务查询。

4. 海外行提示 APP

海外行提示 APP 由上海市人民政府外事办公室、市精神文明办、市商务委、市教委、市旅游局共同发起制作。依据我国公民走出国门遇到的常见问题和需求而编辑，旨在帮助大家增强海外安全和文明意识，掌握相关知识，提高风险防范能力。该 APP 可在应用商店中下载安装。

5. 中国领事服务网

中国领事服务网（cs.mfa.gov.cn）于 2011 年建成并投入使用，设有"关于领事""中国公民出国""中国公民在海外""外国人来华""资料表格"等栏目，汇集领事工作新闻、领事证件指南、海外安全提醒等"一站式"资讯服务。2013 年改版后，又新设"办事指南"栏目，针对中国公民出国、在海外及外国人来华等热点问题增加了公众办理护照、旅行证、出国签证、公证认证、婚姻登记等各类因私类领事证件的需求信息，充实了目的地介绍、领事保护、国际旅行证件温馨提醒等各类领事静态信息，并开发了海外护照在线预约和填表系统、海外中国公民自愿登记系统等交互式访问服务功能。

海外申请护照在线预约系统可为申请人提供电子护照在线填表、预约和进度查询服务，便于申请人合理安排赴使馆办证的时间，准确掌位办理进度和取证时间，目前已有 76 个驻外使领馆开通。

出国及海外中国公民自愿登记系统能有效收集临时出国及海外长居的中国公民的联系方式，有助于驻外使领馆更全面地掌握驻在国的中国公民的相关信息，及时推送安全提醒，必要时提供领事保护与协助。

扫描领事直通车公众号
获得有关国别安全风险信息更新与调整